那 一 世
我 遇 见 了 你

六 世 达 赖
仓 央 嘉 措 的 今 生 今 世

央北 ———— 著

北方文艺出版社

哈尔滨

图书在版编目（CIP）数据

那一世，我遇见了你：六世达赖仓央嘉措的今生今世/央北著．
— 哈尔滨：北方文艺出版社，2011.4（2025.5 重印）

ISBN 978-7-5317-2612-8

Ⅰ.①那… Ⅱ.①央… Ⅲ.①达赖六世（1683～1706）– 传记
Ⅳ.① B949.92

中国版本图书馆 CIP 数据核字（2011）第 048502 号

那一世，我遇见了你：六世达赖仓央嘉措的今生今世
Na Yishi Wo Yujian Le Ni Liushi Dalai Cangyang Jiacuo De Jinsheng Jinshi

作 者/央 北
责任编辑/王金秋　　　　　　　　封面设计/象上品牌设计

出版发行/北方文艺出版社　　　　邮 编/150008
发行电话/（0451）86825533　　　经 销/新华书店
地 址/哈尔滨市南岗区宣庆小区 1 号楼　网 址/www.bfwy.com
印 刷/天津文林印务有限公司　　　开 本/720mm×980mm　1/16
字 数/150 千　　　　　　　　　　印 张/12.25
版 次/2011 年 4 月第 1 版　　　　印 次/2025 年 5 月第 4 次印刷
书 号/ISBN 978-7-5317-2612-8　　定 价/49.80 元

目 录
MULU

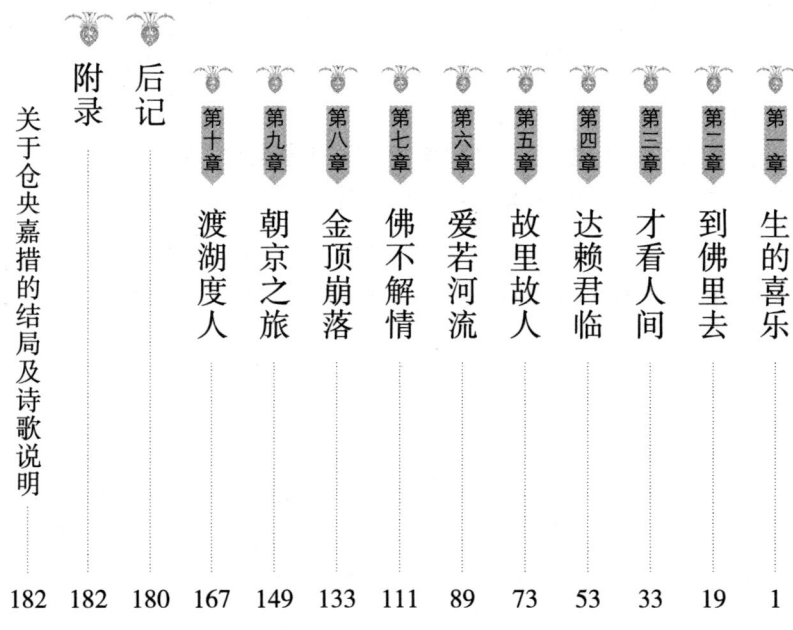

十岁之前，我住在青海省的一个小镇里，那个小镇是距离可可西里最近的镇子。

幼年时，常常听到高原上呼啸而来的风声。

直到现在，我才明白，风声是最好的讲述者，它亘古不变，生生不息。

随着年岁的增长，眼中的世界越来越庞大，由此衍生的记忆是没有时间顺序的。比如，我在十七岁的时候知道了三百年前的仓央嘉措。这样的记忆因为无序可循变得越来越杂碎。

自幼有着天赋，夜晚的梦境会在翌日清晨记得清楚。

白雪皑皑，如同暧昧的云梦之泽。

一个身着僧衣的清秀少年朝我微笑。

我在雪中寻他而去，他却隐没在白雪之中。

……

大学时因为倾诉欲作祟，开始写字，算到今年，三年有余。

后来渐入佳境，发觉原本那些杂碎的记忆是可以借由文字来找寻的，我便像是一位好奇的探险者，朝着深不可测的记忆之海抛下一根长绳，借此攀缘而下。

大学是在大连，这个海滨城市犹如欧洲小镇，洁净而美丽。因为是半岛的缘故，这里的风很大。有人戏称大连一年只刮两次风，一次刮半年。

我是偶然间在书店里得到一本仓央嘉措的书，是高平

老师所著。我记得，那日风极大，待我回到学校，风把窗户吹得呼呼作响。

我是在风声的陪伴下读完这本书的。

我梦中的那位僧衣少年越来越清晰，他甚至开口跟我说话。但是，我和他之间却横亘着难以逾越的时间，唯有风声回荡在我们之间。

这本书给记忆之海中的仓央嘉措加上了明确标签：时间、地点。

寒假回家，半夜在疾驰的火车上醒来，头贴着冰凉的玻璃向外望去。

月光下，白雪熠熠生辉。

我猛然又想起了那位僧衣少年，他在白雪之中朝我微笑。

我知道，他未生也未死。在历史中，生与死从来都只是一个谜。他只是带着他最美好的年华，最动人的诗篇，永远地横亘在时间的长河中。

于是，我打算借由文字，再一次潜入记忆之海，寻访那三百多年前的故事。

这是，关于我记忆中的仓央嘉措。

央北

2010年12月于大连

生的喜乐

多少年来，甚至在佛爷来到人世之前，门隅地区的风就没停过，从微风习习到狂风大作，风不仅虔诚无怨地诵念着经幡上的经文，更将人们向佛的眼吹得越发明亮。

派嘎。风从雪山跋涉而下，带着刺骨的冰冷莅临人间。时间是虚无的，你从来看不见它的来与去，不过这些从时间中逃逸而出的山、水，连同风，都明白人们在尘世里苦难的前行。那些微弱却又暖人的火光像是洒下的晶莹盐粒，散布在派嘎这个村子里。这些火光又被低矮黝黑的石板房围住，将温暖的感觉守护起来，等着主人的归来。

风儿，你停下来，听一听这人的欣喜是否比你举头的骄阳还要热烈。

扎西丹增的屋外除了风声什么也没有，他的耳边却常常有人细语，时而是男人的声音，时而是女人的声音。男人的声音是那

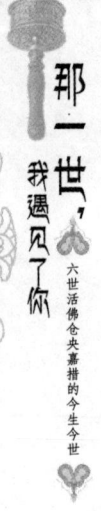

么熟悉，而女人的声音又是那样温暖。

男人与女人的话语重复而富有音律，即使内容繁杂、语调多变，也不过是容纳了许多的"爱"字。

扎西丹增明白，那不过是对前几日的追忆。直到现在，他还对次旺拉姆答应嫁给他这件事不太敢相信。

扎西丹增在屋里来回踱步，细糌粑、青稞酒、茯茶、酥油、风干牛肉都已经准备好了，他不知还应该做些什么，心中的欢喜像是一眼泉，不断用清冽而甜润的泉水滋润着他。

不是岁月的风吹干了心，扎西丹增只是甘愿如此。他独自赡养年迈多病的父母，直到他们三年前去世，这些年，父母的病花光了家里所有的积蓄，他都是一人扛起担子，从不向人索取，直到要办丧事了才向姐姐借了些钱。这唯一的姐姐，在扎西丹增的记忆里总是和吝啬、贪财、卑鄙这些污浊的字眼联系起来。伴随了他几十年的生活，最终化成一块巨石沉入记忆之海，唯有荡起的涟漪还会让他感到一丝孤独与凄凉。

扎西丹增再想到次旺拉姆，整个世界又像有了光。

他靠着自己的一双手，连本带利地还清了欠姐姐的所有债务，修缮了自己的房屋，甚至还有了些积蓄。

门"吱嘎"响了一声，扎西丹增以为是风，起身准备把门关严。他走过去，结果被突然推开的门扇撞到了头。

他抬头望了一眼，门口昏暗的光线里零零落落地出现个人影。

"阿佳拉①，贵体安康！"

来人是扎西丹增的姐姐，一席结满油垢的氆氇裹在肥硕的身体上，脸上的高原红与皮下的脂肪堆积在一起，成为一片暗红色的山脊。

扎西丹增低下头，熟悉而又厌恶的情绪在逼仄的石板房里蔓延开来。姐姐显示地位似的径直走到卡垫边坐了下来，她扫了一眼房间，眉头皱了皱。

"听说你要结婚了？"

"是的。"

"东西都准备齐全了？"

"是的。"

姐姐忽然眉毛一挑，眼睛像锥子一样地盯住了扎西丹增。

"那么……钱从哪儿来的？"姐姐顿了一下，故意拉长了音调。

门没有关严，凛冽的风从外面灌进来，扎西丹增感到一阵天旋地转，两只脚狠狠地踩进了土里。他低着头看见姐姐略带泥渍的新牛皮靴，再看看自己脚上旧得不能再旧的靴子，他憋红了脸。寒风再凛冽也只是一阵风，亲人的无情却可以轻而易举地将心击碎。

扎西丹增颤抖着双手说道："这些年，我过的是什么日子你都知道的。我没有土地可以出租，没有钱财可以放债，我只能靠我这双手，我起早贪黑，一天忙得坐不下来。你说钱从哪儿来的？"

姐姐愤怒地站了起来："住口！我看不是偷的就是骗的。"

扎西丹增对姐姐已经彻底绝望了，他冷冷地问道："你到底希望我怎么样？"

姐姐背对着他，冷冷地说道："滚！马上滚！再也别回来！"

北风过境，派嘎寒冷异常。

扎西丹增走到门外，他的眼睛很是干涩。外面有些阴沉，空中是大朵的云团，云投下了暗影，让天地提前进入了黄昏。次旺拉姆从远处走来，她一边走一边朝扎西丹增挥手。扎西丹增看见是她，紧绷的脸上露出了笑容。

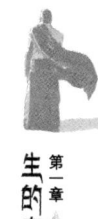

"你若走，我绝不留。鸟不随风去，鱼不随水游，何以生？"次旺拉姆靠在扎西丹增的身上说道。

扎西丹增叹了一口气，把次旺拉姆紧紧地搂在了怀里。

他们进屋时，后面尾随了一个人——次旺拉姆的哥哥。扎西丹增看见了他，急忙从木柜里取出一条哈达，恭恭敬敬地说："朗宗巴大哥，您请坐。"

朗宗巴不看他，把哈达转手递给了扎西丹增的姐姐，弯下身子说："阿佳拉，你倒先来了。"

扎西丹增的姐姐接过哈达，笑着一搭，把哈达挂在了朗宗巴的脖子上，算是回礼。

朗宗巴转头对扎西丹增说："那时答应你娶我妹妹，确实欠考虑，现在我们来谈谈吧。"

扎西丹增恭敬地站到朗宗巴身边，朗宗巴缓缓说道："第一，我是信黄教的，你们家世代是信红教的。你要娶我妹妹，就必须要改信黄教。第二，聘礼。"

朗宗巴说完，直直地看着扎西丹增。

扎西丹增说："我学的是密宗一派，信奉的也是释迦牟尼。至于聘礼，你要多少？"

朗宗巴说道："第一，你是办不到了。那么第二，两匹马、三头牦牛、四只羊。"

次旺拉姆听哥哥这么说，顿时感觉像被扼住了喉咙，几乎窒息。她拉扯着哥哥的袖子，带着哭腔问道："你怎么能这么狠心呢？你怎么能这么狠心？"

朗宗巴将妹妹一把推开，说："反正我不许你嫁给他，除非他答应我的条件。"

次旺拉姆无助地望着扎西丹增，扎西丹增一筹莫展，此时，即便他有足够多的牦牛和羊，他也未必能换回属于自己的一片天空，原本熟悉的家乡早已被丛生的欲望遮蔽。他望着次旺拉姆，就在四目相对的那一刻，所有的无助、委屈、愤怒都不见了。

他想：世界大得让人窒息，可再大，我也只是需要一个能够容纳我们的空间。

他对次旺拉姆说："我们走！"次旺拉姆会意地点了点头，弯下腰去收拾东西，她早已把自己当成了扎西丹增的妻子。她把准备结婚时招待客人用的细糌粑装进了口袋，又去搬烧茶的铜鼓；扎西丹增出门去牵牛。他们的哥哥姐姐漠然地看着他们忙碌，整个世界只剩下了空洞的喘息声。

等他们收拾完了，朗宗巴那干涩、尖锐的声音又再次响起。

"除了你们身上穿的和能够背走的，其他的一律不准带走。"

扎西丹增一下子愣住了，呆在原地半晌，他愤怒地甩脱了牦牛绳，起身拉过次旺拉姆，头也不回地走了。

天地混沌，风卷着干草屑在旷野上肆虐，浮云也如鬼魅般在空中飘荡，将稀薄的阳光再次遮蔽，昏黄的天地忽明忽暗。

扎西丹增和次旺拉姆每走一步，眼前的世界便颤抖一次。他们已经分不清这是残损情感的悲泣还是对未知前途的迷茫，连往日亲昵的牛羊竟也仿佛成了天边的星辰，遥不可及。

他们四处张望着，心里空空荡荡。

当故乡的矮房、牛羊、玛尼堆成为茫茫草原的一部分，再也不能触及的时候，离别的感伤逐渐袭来。路上遇到的老人告诉他们：要去南方，那里有富饶的土地，成群的牛羊。

扎西丹增和次旺拉姆继续往前走，当走到达旺地区的拉瓦宇松时，看见远处婀娜的杨柳在风中摇曳，他们突然感觉，应该在这里停下来了。

第一章

生的喜乐

他们卸下了行李。次旺拉姆架起铜锅开始煮茶，茶香飘散在空气中。扎西丹增招呼着不远处的一个小男孩，想问问他这里的情况。

小男孩大约四五岁，睁大眼睛好奇地望着他们。

"你叫什么名字？"次旺拉姆问。

"三央。"小男孩兴奋地答道。

次旺拉姆起身，向周围望了望，优美而熟悉的景色已经让她爱上了这里。

"这是哪里？"

"邬坚林，那边的寺庙里有比繁星还亮的酥油灯。"小男孩答道。

"这里，真好。"次旺拉姆和扎西丹增不约而同地说道。

清康熙二十一年（藏历水狗年，公元1682年），这一年的春天被欢笑与悲伤同时包围。

南方一个昏暗的小村子里，一户人家的灯火格外明亮。扎西丹增与次旺拉姆正在这里举行婚礼。不大的屋子里挤满了前来贺喜的街坊四邻，大家敬着酒说着祝福的话。一对新人，在众人的簇拥下笑逐颜开，沉浸在前所未有的喜悦中。

北方的春天要冷得多。第巴②桑杰嘉措记得，二月二十五日那一天，天上的阳光非常黯淡，翱翔的雄鹰在悲鸣，连布达拉宫外乌拉③鼓气的歌声都变得悲切起来。

五世达赖在和他说完最后一句话后，那只曾为他摸顶祝福的手就垂了下来，一直随身携带的铜铃也掉了出来，发出最后的声响。桑杰嘉措伏在逝者床前，悲痛万分，久久不愿离去，那只已经变冷的手还如抚摸孩童般停留在他的身上。

许久，第巴桑杰嘉措站了起来，他有些眩晕，眼前的事物升始模糊、摇晃，五世达赖的身影成了一轮赤红的落日，嵌在昏暗的天地中。

五世达赖留下了一份遗嘱，也就此铺开了整个西藏的命运。

……

第一，布达拉宫还没有修建完成，千万不能停工。

第二，蒙古人一直让我殚精竭虑，蒙古各部都在觊觎着西藏的政权，这些年我一直在限制他们，现在眼看有了起色，千万不能功亏一篑。

第三，关于我的转世灵童，不要让他过早与外人接触，孩子太小，容易被人控制，最好先把他培养成人。

这几件大事要落到你的肩上，但是你又太年轻，我担心有人会与你为难。我想，不如这样，若我圆寂，消息暂时不予公开，只要外人不知道，你做起事情来，便会顺利很多。

……

桑杰嘉措知道五世达赖还有很多话没有说，这位伟大的达赖已经为西藏谋了太多福祉，直至圆寂，还在牵挂着西藏的前途。

五世达赖圆寂的消息被第巴桑杰嘉措封锁了起来，对外则宣称五世达赖身体欠佳，需要闭关修行，政务暂由自己打理。

做完这些，他突然想起了一件更重要的事情——寻找五世达赖的转世灵童。

冥冥中，五世达赖已经远去，但为了拯救苦难的世人，他的灵魂必将再次转世，成为新的达赖，成为六世。桑杰嘉措现在要找到这个人。他不仅承载着五世的灵魂，也将成为西藏人信仰的延续。

宗教的神圣气息感染着桑杰嘉措，但他不是僧侣，他的职责只是管理西藏的政务，这又让他不得不认真考虑六世的影响。假如五世圆寂的消息走漏，康熙皇帝怪罪下来，他就可以马上推举出六世，这将是他手中最后的王牌。

拉萨的黄昏灿烂、祥和。桑杰嘉措站在窗边，注视着南方，

第一章
生的喜乐

神色凝重。他知道，一个新的时代即将来临。

五世达赖圆寂之后的第二年——清康熙二十二年（公元1683年），三月二十八日。

离拉萨遥远的南方，邬坚林。

一只土拨鼠迷失了方向，它不得不站起来找寻太阳的位置。当它转头看见太阳时，如人一般久久伫立。天边的太阳幻化成了七个，浓烈刺眼的光芒射向大地，紧接着，雨水毫无预兆地降下，收敛了太阳的光芒。雨带来了彩虹，横跨天空，扎西丹增家的小屋身处其间，如宝石般被环绕着。

这只倒霉的土拨鼠被眼前的景象吓坏了，它回过神后，急忙钻进了洞里，让单调饱满的黑暗重新包围住自己。

一阵嘹亮的啼哭声从扎西丹增家传了出来，屋主人没看到屋外的景象，他们眼中只有一个可爱的婴孩。夫妇俩看着孩子，不知不觉流下了眼泪。这个孩子的降生给他们带来了前所未有的满足和幸福。

这一年的春天来得有些晚，土地还包裹在寒冬的铁衣中，马蹄将地面踩得嘚嘚作响。扎西丹增包揽了家里的所有农活，次旺拉姆这位年轻的母亲，满心欢喜地照顾着孩子，她替孩子擦身，穿上小衣服，喂食，轻车熟路地做着每一件事。

扎西丹增放下了手中的茶锅，来到床边，对着那个眉宇与自己酷似的孩子亲昵地叫道：

阿旺诺布……

这一声声呼唤，好像夺走了天地间全部的温暖，屋外顿时寒风料峭。

卓望达瓦是第一个来向扎西丹增夫妇道喜的人，随卓望达瓦前来的还有他的儿子三央。卓望达瓦认识扎西丹增一家人还多亏了三央的牵线。

三央探着头看次旺拉姆怀里的阿旺诺布，阿旺诺布依偎在阿妈的怀里，抿了抿嘴，露出一个浅浅的微笑。

三央也欢喜地笑了起来。

没有人知道，这心有灵犀的一笑，竟也如爱情一般，写在了命运的三生石上。

"阿旺诺布，你过来给阿爸背首民歌。"扎西丹增叫着他两岁的儿子。

"我不记得了。"阿旺诺布答道。

扎西丹增一手把阿旺诺布托了起来，架在了自己的肩膀上，他的双手像柔软的毛绳一样将阿旺诺布牢牢地捆住。扎西丹增笑着转起圈来，一边转一边大声问："你记不记得啊？记不记得啊？"

阿旺诺布一边咯咯地笑，一边断断续续地回答："不记得，不……记……得啦。"

阿旺诺布张开了双臂，模仿雄鹰的翅膀，在空中颠簸着。

扎西丹增怕把阿旺诺布转晕了，很快就把他放了下来，可阿旺诺布一下地就又伸出两手还让阿爸抱。

扎西丹增哈哈大笑，说："你给阿爸背一首，阿爸就抱你。"

年幼的阿旺诺布朗声说道：

那是雄鹰，
睥睨山河，
却不知何去何从，

只有一朵莲花是它的归宿。

扎西丹增笑眯眯地听着，心里满是骄傲和幸福，他多么希望以后的阿旺诺布也能像雄鹰一样，自由自在、无拘无束地生活啊。

又是一年春天来临了。春一来，蛰伏了一冬的植被都露了头，随着雨水与暖风的滋养茁壮成长。大地一片新绿，草木似乎一夜之间都换上了盛装。

三央站在一个山丘上，风从北面吹来，眼前的绿草向南倒伏，一只只牛羊映入了他的眼帘。

远方，一个熟悉的身影跟在一群牛羊背后，慢慢向他走来。三央只看一眼就知道是阿旺诺布。

他悄悄起身，钻进了一片低矮的灌木丛，绕到了阿旺诺布的背后。

阿旺诺布正在数小牛，忽然听到身后也有牛在"哞哞"地叫，他好奇地转过身去，却见三央正围着他学牛叫，他兴奋地跳了起来。

"三央，你学得真像！"

三央坐下来，有些悲伤地说："昨天，阿爸把我最喜欢的那头牛卖掉了。"

阿旺诺布眨了眨眼睛，问道："那头脖颈上有一圈白毛的牛？"

三央沮丧地点了点头。

"你放心吧，我不会离开你的。"

"真的？"

"哈达上的丝线都是经纬密织不分离的。"

"那我们永远是朋友。"

扎西丹增病了，精神恍惚，他声称一匹通体漆黑的狼穿过了他的身体。他研习密宗，也懂一些咒术，他曾试着去破解，想知道这到底预示着什么，但始终一无所获。

一天夜里，扎西丹增独自在房外徘徊，一种不安的感觉笼罩着他。月亮升至正空，他又一次在如银般的月光下看见了那匹狼，他按捺不住好奇，向前走了两步。那狼仰天长啸，四下寂然，只有风在流动。扎西丹增转过身，轰然倒地。

扎西丹增真的病了，他每天夜里失眠，白天又总能睁着惺忪的眼。

次旺拉姆十分担心，天天守在丈夫身边。她不敢相信，往日健康壮硕的扎西丹增竟会突然病倒，她的泪水打湿了衣襟。每天，她除了悉心照顾扎西丹增，剩下的时间全部在祈祷，四处求医。扎西丹增看在眼里，心里很难过。他不仅被病痛折磨，还要看着次旺拉姆日渐消瘦。他想，是生是死，都得要个结果。

卓望达瓦带来了一个消息，说邬坚林寺里有位密宗大师，他应该能知道扎西丹增得了什么病。

次旺拉姆赶往邬坚林寺的时候，三央和阿旺诺布也跟在后面。次旺拉姆心力交瘁，没注意到身后有人，直到坐在了密宗大师面前，她才听到身后窸窸窣窣的声响。她回过头，就看见阿旺诺布与三央正诚惶诚恐地站在那里，她大吃一惊，赶紧挥手让他们离开，却被密宗大师制止了。

大师已年入古稀，此时，慈爱的眼睛里泛着太阳的光芒。他对次旺拉姆说："让他们留下吧。"

偌大的一间屋子只点着一盏酥油灯，因为灯芯过长，火苗很高又左右晃动，将人影拉得很长。大师轻轻拨弄着灯芯，火光先是消失，马上又变得更亮了。

"你可知前几年的异象？"大师问道。

第一章
生的喜乐

"只是听说，未曾见过。"次旺拉姆如实回答。

"那……"他的话忽然停了下来，眯起眼睛盯着窗外。

"大师，我丈夫扎西丹增是怎么了？你能占卜下告诉我吗？"次旺拉姆迫不及待地问道。

大师举起手，火光将影子映在了墙上，仿佛命运的路标。

他把手又放了下来，然后盯着那盏忽明忽暗的灯出神。

过了一会儿，他用沙哑老迈的声音说道：

"扎西丹增，染了狼族带来的恶疾，怕是……"

话音未落，次旺拉姆吸了一口凉气，身子不由自主地颤抖起来。大师没有说完，他怜悯地说道："你还是回去好生照顾他吧。"

阿旺诺布虽然年幼但也听懂了大师的话，他一脸茫然，那一刻，他觉得那张苍老、隐匿在灯火背后的脸，如同写满了墨迹的生死书。他一步步地走了过去。

大师看着他，他也终于看清了大师，大师衰老的眼睑里饱含热泪，阿旺诺布想伸手替他擦去，却被阻止了。

他伸出手，轻轻地抚摸着阿旺诺布的脊背。

"孩子，向北去，在拉萨城里，那里有你的福祉，也有你的苦难。"

悲切的声音在阿旺诺布的耳边回荡，如茫茫草原上亘古不变的风。

邬坚林寺的围墙已经很久没有修过了，朱砂墙壁斑驳不堪，面目全非，然而寺里的钟声一如既往，老喇嘛们即使是闭上眼睛，听到这钟声也知道是日落了。可是自从那场流光溢彩的雨水停歇后，整个邬坚林充满了各种猜测，这些言语汇成一条莽撞的河流，破天荒地将钟声淹没了。

老喇嘛们不得不睁开眼睛，橘红的夕阳仍悠闲地挂在天边，他们又安下心来，继续冥思。寺里的小喇嘛没有如此定力，他们蜂拥着跑出了寺院，加入了讨论的盛会。好奇的妇女，低下身用皮囊收集着水洼里的水，然后将其倒进一个铜盆里，铜盆周围站满了人，每个人都伸长了脖子往里面看。

里面除了泥沙、草屑，空无一物。

大家失望地走开了，小孩们倚在老人身边，希望能得到一个关于异象的故事。然而，整个村庄里的老人都在虔诚地念着经，孩子们百无聊赖，放牛的放牛，玩耍的玩耍，都散去了。

邬坚林的人去别处购买盐巴，顺便捎去的还有关于异象的种种传言。

比如，要有瘟疫来了，就像当初寂护大师④入藏一样。

比如，佛爷降下福气了，今年牛羊要多产。

比如，这是风调雨顺的前兆。

……

传言嘈杂而离谱，带着丰富的色彩。但即便如此，邬坚林曾经出现过异象的事实，的确是大家公认的。

拉萨，日光如瀑。

第巴桑杰嘉措正在伏案处理公文，他的心腹曲和多巴突然闯了进来，桑杰嘉措放下笔愠怒地盯着他。曲和多巴不看他，低着头径直走了过来，小声说道：

"邬坚林，天有吉兆，应该是灵童诞生了。"

桑杰嘉措皱起的眉头一下子舒展开了，但他很快又恢复了平静。他知道，找到灵童只是第一步。

他示意曲和多巴离他更近些，然后吩咐道：

"你去邬坚林探查一下，看到底哪家的孩子是灵童。"

曲和多巴弓着腰准备退出去。桑杰嘉措又叮嘱了一句："此行务必保密，万不可让人知道。"

曲和多巴走的时候特意带上了五世达赖的印章。他想，若是转世灵童，必定认得这印章。

他一路南行，直奔邬坚林。

邬坚林寺的钟声响了三次，他远远地望见寺院上空升起一层薄薄的光。他放下行囊，连磕了好几个长头。

曲和多巴打听的恰好是卓望达瓦家，卓望达瓦热情地接待了这位远方来客。他告诉曲和多巴，出现异象的那天，他正赶往扎西丹增家，那天他的小侄子出生了。曲和多巴心里一动，找了个借口，说听闻那天出生的小孩是吉祥的象征，很应该去看看。

曲和多巴到达扎西丹增家时已经是傍晚了，阿旺诺布倚在门口，正朝着他来的方向张望。那一刻，曲和多巴的脸上浮现出了谦卑的笑容。他想跟阿旺诺布打个招呼，但卓望达瓦抢先一步把只有两岁的阿旺诺布抱了起来。阿旺诺布喊着："卓望叔叔，卓望叔叔。"曲和多巴站在卓望达瓦的身边，脸上闪过一丝失望，但转念一想：六世尚且年幼，怎么会认得卑微的我呢？

扎西丹增对曲和多巴格外热情，但曲和多巴似乎不愿意和他多说，只是一直盯着阿旺诺布，不时地微笑着。扎西丹增便把阿旺诺布叫了过来，他抱着阿旺诺布对曲和多巴示意，要是喜欢他何不抱抱他呢。

阿旺诺布盯着曲和多巴，突然兴奋地大喊道："拉萨，拉萨。"

曲和多巴愣了一下，急忙背过身去。太阳的余晖从窗棂照射进来，他的眼睛热了，他几乎不能自已。这一刻，他多想跪下来，叩头，但他明白，这是暂时还不能做的事情。

他从怀里掏出了五世的印章，他先把印章放在了桌子上，然后又佯装在怀里找东西。他的眼睛不时地看看阿旺诺布，心想，若是阿旺诺布能认出这印章，他就立刻表明身份，让扎西丹增一家随他迁走。

时间过得如此漫长，曲和多巴的手指甚至被衣服粗糙的纹理割疼了，他不得不停下来，毕竟在陌生人面前持续地翻东西是不礼貌的。他充满歉意地朝扎西丹增笑笑，说："本想给孩子留点东西作纪念，却落在家里了。"

阿旺诺布并没有对印章表示出兴趣，他甚至看都没看。曲和多巴讪讪地把印章收了起来，他不明白，为何灵童对他自己的东西不闻不问，难道是轮回的路上过于疲惫不愿意再想起前生？

当然，这些都只是曲和多巴的猜测。次旺拉姆热了酽茶，醇厚的香气在屋子里弥漫。曲和多巴被茶香熏醉了，也被房间里的一幕感动了：忙碌的母亲，慈爱的父亲，还有聪明的孩子。拉萨的一切，都被这一盏酥油灯带走了。那一刻，他心里甚至闪过一个念头：孩子，若你不是达赖，如此生活下去也是好的。

临走，曲和多巴收下了扎西丹增赠给他的哈达，他满心感激，把哈达叠好，小心地收进了怀里，他觉得那雪白的哈达比雪山上的冰雪更加圣洁。

郧坚林向北的路，一直到拉萨，曲和多巴走得要比来时艰难得多，这并不是因为他选错了路，而是他越接近拉萨就越感觉责任重大。他知道，此去归来，带来的不仅是一个孩子的信息，更是西藏新时代的号角。

拉萨很少下雨，曲和多巴到达拉萨这天却下起了雨，天是白色的，很浓重的白。他站在殿外恭敬地等着第巴桑杰嘉措，身上的潮气在房间里氤氲，他有些战战兢兢。这一趟并没有让他十分确信阿旺诺布就是六世。现在，他只能如实汇报了。

桑杰嘉措得知消息后，在窗前站了很久，然后转身说道："你去把五世的铜铃拿来。"

那是个被酥油擦得锃亮的铜铃，五世达赖在世的时候，常常拿在手里把玩。铜铃明亮依旧，只是光泽经历了岁月的打磨与五世的溺爱，显得温煦了很多。

桑杰嘉措把铜铃攥在手里，他伤感地抚摸着它。五世达赖对桑杰嘉措视如己出，自他八岁被送进布达拉宫起，五世就一直亲自教授。他二十六岁那年，五世更是让他担任起了第巴的职务，不仅颁发文告向三大寺的僧众详细介绍他的品质、学识和能力，为他制造舆论，还在文告上按下一双手印，用工笔书写后贴在了布达拉宫的南墙上。

每当想起了这些，桑杰嘉措都会觉得感伤。此刻他很想说些什么，却只是叹了一口气。他摇了摇铜铃，叮叮作响的声音替他说了一句话。

那是：你来。

桑杰嘉措让曲和多巴去找人占卜，祈求神谕辨别这人间的真假。曲和多巴找来了三位密宗大师，他们是极少数几个知道五世圆寂的高僧，桑杰嘉措顾虑大局，一直让他们留在布达拉宫里。

三天三夜的占卜，三位大师疲惫不堪，他们找来了曲和多巴。

曲和多巴也正等待着占卜的结果。

三个苍老的声音，在风中传来。

"邬坚林的他，向北去，在拉萨城里，有他的福祉也有他的苦难。"

曲和多巴仿佛被雷击中，一动不动，意识的海洋波涛汹涌。那只见了一面的阿旺诺布，此刻越发清晰，他幼小的身影从光的最浓重处走来，每走一步，光便在他脚下迸裂。曲和多巴哭了，他终于明白，六世不该只由一盏酥油灯照亮，他应该是光芒万丈的。

桑杰嘉措得知结果后，手中紧握着的笔悄然滑落，在纸上画出一条不规则的线。他起身拍了拍身上的尘土，走向了曲和多巴。

"让阿旺诺布离开家乡吧，这里才是他的家，佛爷不该受到尘世的伤害，他应该去学习，去弘扬佛法。"

曲和多巴点点头。

桑杰嘉措下令：

"再去一趟邬坚林，记得带上五世的铜铃，这也本该物归原主的。"

说完，他郑重地把铜铃递给了曲和多巴，铜铃在风中再次响了起来，叮叮……叮叮……

 **注释：**

①阿佳拉：姐姐。

②第巴：西藏实际上的政务执行官，如果把达赖喇嘛比做政府领袖，那么第巴就相当于摄政王。

③乌拉：无偿的差役。

④寂护大师：公元743年，受西藏赞普赤德祖赞之邀入西藏传教，在拉萨主持翻译佛教典籍事宜。因受本教势力抵制，留至四月，其间西藏发生瘟疫，被说成是寂护大师带来的。

第二章
到佛里去

曲和多巴出发去往邬坚林，一路同行的还有两位高僧。一行三人，骑着快马一路南去。

一路上，五颜六色的格桑花在风中摇摆，绿草的清香在周围荡漾。此刻，不仅平日里骄纵的风也变得驯服，就连高高在上的太阳也温和了许多。接连几天，天空中只有零散的云朵，这样湛蓝的天空犹如三人此刻的心境，明朗、畅快。

在一条无名的小河边，三人停了下来。曲和多巴照例拿出皮囊，那囊中装着他从拉萨带来的酒，用秋末的青稞酿制的烈酒。曲和多巴对河流自幼就有恐惧感。他四岁时，阿妈背着他蹚一条漫过腰际的河，行至河中央时，飞来了一些马蜂，蜇伤了阿妈的手。他被失手扔进了河里，河水瞬时没过了他的身体，冰冷刺骨的感觉他终生难忘。

曲和多巴喝了几口青稞酒，便牵着马渡河。光滑的鹅卵石一

颗颗地从他脚下滑过，他又一次感到了恐惧，于是把缰绳抓得更紧了，马却因为他的紧张开始晃动。曲和多巴小心翼翼地靠近河岸，眼看就要上岸了，马蹄却突然一滑，庞大的牲畜如一块巨石般重重地倒下了。由于马缰绳的牵扯，曲和多巴也被压进了河里。

这是一次和童年记忆的交叠，曲和多巴在水中看不见阳光，周身一片冰冷，他伸出手呼救。后面的僧人迅速跑来将他拉了起来，他站起身后又去拉马，马也挣扎着站了起来。一些行李被急流冲走，漂散在泛白的河面上。

曲和多巴颤颤巍巍地走上岸，站在岸上又回头望了一眼，河水不急也不深。他低下头自嘲似的笑了。

一位随行的僧人说道："即便是蚂蚁，你若是惧怕它，它便是猛兽。恐惧不是事物给予你的，而是恐惧本身，我们必须要以肉身奋力抵抗，若是放弃，只能被冲走。"

曲和多巴转头看向那僧人，心里感叹不已。这一刻，他在和他的命运对峙，它就站在他面前，他如尺蠖般前行，在剧烈的阳光下，终将爬入一片黑影。

一行人到达邬坚林的时候，清晨的露珠正晶莹地挂在草尖上。因为刚下过一场小雨，整个邬坚林被一层薄雾覆盖着，远远望去，一片朦胧。晨钟响了，应该是寺中还没有睡醒的小喇嘛敲的。

隆隆……隆隆……余音绵长不绝。

扎西丹增的状况一直没有好转。绝望与悲伤如影随形，在每一个有风的夜晚，呜呜低语。

次旺拉姆从密宗大师那里回来后，精神似乎好了很多。

扎西丹增的面颊已经塌了下去，颧骨高耸，然而眼睛却比先前更亮了，在酥油灯光的映照下，散发出前所未有的光芒。光与泪交织，不舍地望向周围的每一件事物。

那块氆氇手帕上的血渍已经结成了黑色的硬块，扎西丹增把它藏在了毛毯底下，他想让手帕彻底失掉血色，成为浓重的黑，这样悲伤便无从谈起了。

密宗大师从酥油灯里读出了扎西丹增的命运。扎西丹增是个倔强的人，他猜到了，但是不愿意相信。次旺拉姆从密宗大师那里回来后，他就再也没有问过占卜的事情。

他明白，一切都只是在拖延，结果早已经确定了。

阿旺诺布四岁了，扎西丹增还是经常让他背民歌。他越来越懂事了，经常是放牛一回来，就到阿爸身边坐着。

"阿爸，我捡到了一块漂亮的石头。卓望阿叔说，这是吉祥的石头。"

"阿爸，三央说要送我一匹枣红的小马。"

"阿爸，今天的天特别蓝。"

"阿爸，阿妈今天让我去摘野葱了。"

"阿爸……"

每当阿旺诺布说完这些转身离开的时候，扎西丹增都会轻抚一下自己的胸口。脉搏的每一次跳动，都会带来锥心的痛，痛从胸口蔓延到身体的每一个角落。不过扎西丹增一直在笑着承受这些，他爱它们，爱他即将看不到的一切一切。

他坚信，他的阿旺诺布即便没有他，也会如雄鹰一般，茁壮成长，自由自在地翱翔。

曲和多巴到达扎西丹增家的时候，天空中的乌鸦如黑云般飘来，发出嘶哑凄厉的叫声，曲和多巴心里隐隐感觉到了一丝不安。

三央突然推门出来，正撞上了曲和多巴。他趔趄着往后退了两步，三央像旋风一样掠过他的身体。他正想训斥一下这冒失的

孩子，但又立刻停住了。

透过那扇门，他看见次旺拉姆正伏在地上，双手低垂，双肩如筛糠般抖动着，痛哭声从房里传来。这个变故有些突然，曲和多巴犹豫了一下，走了进去。

曲和多巴停在次旺拉姆身边。扎西丹增静静地躺着，他已经合上了双眼，连嘴角最后一丝奋力的微笑也消失了。曲和多巴张了张嘴，想说些什么，这时身后传来一个孩子的声音："阿爸！阿爸！"

曲和多巴回过头，竟是两年前见过的阿旺诺布。他长高了，身体却还是那么瘦弱，他的脸很清秀，眼睛里全是泪水，曲和多巴心里微微一震。

阿旺诺布跪在阿妈身边，他并没有大哭，只是一直默默地流泪。他哭了一会儿便转过头，四处找寻着什么。曲和多巴和他对视，那双水汪汪的眼睛里，没有彻骨的悲伤，是质疑，一种对于逝去的质疑。

曲和多巴轻轻叹了口气，不敢再看阿旺诺布。

他转过身，悄悄地离开了。

即便跟着第巴长年拼杀，他也未曾退却过，可那扇简陋的松木门却让他始终不敢再踏进一步。

太阳从雾气中升起，利剑般地将阴郁一一剔除，雾散以后，寒冷依然。曲和多巴裹紧了衣服，抵制着从心底袭来的寒意，迎着阳光，他的眼睛模糊了。

曲和多巴心想：佛爷，您是要尝遍这人世间的悲苦，才能普度众生啊。

超度亡者的法会，是由曲和多巴带来的高僧主持完成的。

繁杂微妙的经文在邬坚林的上空吟唱，白云随着大风急速飘过，地上的阴影宛如踽踽前行的灵魂。阿旺诺布抓着母亲的手，她的手冰冷无力，重重地垂着。

送别亡者的时候，卓望达瓦轻轻地喊了一声：扎西丹增。

次旺拉姆听到，又哭了起来，泪水落到阿旺诺布的手臂上。他仰头看着母亲，伸出另一只手搭在了她的手上，不过他的手掌太小了，显得有些拉拉扯扯。

次旺拉姆反反复复地念着：扎西丹增，扎西丹增……

这再熟悉不过的名字，终于随风消逝了。

曲和多巴对转世灵童充满了太多期待，一处理完扎西丹增的丧事，他就迫不及待地亮明了身份，说自己是从拉萨来的。

五世的铜铃随邬坚林寺的暮钟一起响起，钟声如雄浑的呼唤，铃音则像是细语呢喃，温婉地在人耳边徘徊着。曲和多巴一边摇着铃，一边念着五世的诗歌：

> 沉睡的狮子啊，
> 你睁开眼睛，
> 那路过的菩提树下，
> 是你的梦魂。

阿旺诺布从松木门里走出来，他听到了声音。他好奇地走到曲和多巴跟前，然后立刻被他手里的铜铃吸引了，铜铃在傍晚的霞光中泛着夺目的光彩。阿旺诺布踮起脚，努力地去抓那个铜铃，铃声在曲和多巴的手里再次响起。

曲和多巴微笑着把铜铃递给了阿旺诺布，说："你来。"

次旺拉姆跟曲和多巴的谈话是非常隐秘的，门是关上的，窗户也上了锁，整间屋子都被酥油的气息填满。次旺拉姆不敢看曲和多巴，只是盯着身下的毛毯出神。曲和多巴把声音压得极低，

第二章 到佛里去

字斟句酌地说着，他的声音仿佛一柄钝器，击打着酥油灯火，火光飘忽不定。

那些简短的话语饱含了令人震惊的信息，次旺拉姆只记得几句，拉萨……达赖……远走……

次旺拉姆的世界突然变得亦真亦幻，许久，她才低声问了一句："是要阿旺诺布走吗？"

曲和多巴点点头："是啊，灵童需要接受学习。"

次旺拉姆看见毛毯里露出一片黑瓦，就把它抽了出来，在酥油灯下，她认出那是扎西丹增的氆氇手帕，她轻轻抖了几下，凝固的血块掉了下来。

"一定要走吗？"

"是。"

次旺拉姆背过身去，灼痛的双眼又一次涌出热泪，滚烫的泪珠掉在了氆氇手帕上，慢慢地与血块融到了一起。

拉萨，布达拉宫。

第巴桑杰嘉措收到了曲和多巴的信，转世灵童确实是在邬坚林，五世的铜铃也已经交给了他。

桑杰嘉措久久地向南方凝望，远方的云在渐渐地变淡、消失。天远山青，他的思绪也似乎飘远了。

两位随曲和多巴前来的高僧，正与阿旺诺布陷入一场僵持中。他们拿佛经给阿旺诺布看，诚惶诚恐地期盼着达赖神迹的出现，但阿旺诺布对佛经并不感兴趣，他不耐烦地向窗外张望着，高僧又向他说起佛偈，他听了两句便问："我阿妈呢？"

高僧们并不失望，他们像哄小孩一样让阿旺诺布站在阳光下，然后继续观察着阿旺诺布。

阿旺诺布对眼前的两个人充满了陌生感，虽然他们一直笑容可掬，非常慈爱。阿旺诺布不说话，只是定定地站在光影里，周身罩着太阳的光晕。高僧们望着他，满意而激动地互换着眼色，终于，有人打破了寂静："阿旺诺布，你与佛有缘，如此不如便换了法名，叫阿旺嘉措。"

阿旺诺布玩着手指，眼睛还在四处看着，高僧们只是颔首微笑。

他不知道，在他身上，有了法名就意味着，阿旺诺布，一个平常人家的名字，以后就不能再叫了。过了今天，阿旺嘉措就是他，他就是阿旺嘉措。这个不平凡的名字，将伴他永远。

高僧们告诉曲和多巴，六世尊者具备了三十二吉相、八十随好①，令人一见即饱眼福。

曲和多巴是心知肚明的，他看见两位高僧的眼里映出了一轮太阳，那太阳发出的炽烈光芒已经让他无处躲藏。

阿旺嘉措离家的日子定了下来。

曲和多巴来到邬坚林之前，第巴就已经交代过，此次灵童离开不可让人知道。为了稳妥，他想了一个办法，那就是招纳一批儿童前往夏沃的措那宗学习，避人耳目。

次旺拉姆推开了门，阿旺嘉措正在和小牛犊玩耍，他有着和平常孩子一样的爱好——亲近小动物。

次旺拉姆也很喜欢动物，但她从来不允许阿旺嘉措把它们带进家里，比如小牛、小狗。次旺拉姆多次告诫他，那里是它们的家，这里是我们的家。

此时，她倚在门边，慈爱地看着阿旺嘉措与小牛犊玩得不亦乐乎。阿旺嘉措玩累了，又走到一只叫阿木的狗旁边，那是条母狗，最近刚产了崽，一群可爱的小狗还没有睁开眼睛，仅凭着嗅觉本能地依偎在一起，不断地往母狗身上爬。阿旺嘉措蹲下来，伸手轻轻摸一下小狗，又迅速地把手收回来。

次旺拉姆开始晾晒奶豆腐，她轻声地对阿旺嘉措说："你要

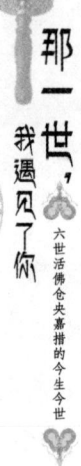
是喜欢，就抱一只到屋里去吧。"

阿旺嘉措摇摇头，他站起来看着阿妈，认真地说："它们这么小，应该跟阿妈在一起的。"

次旺拉姆曾经多次站在曲和多巴面前，不说一句话，然后直直地站着，眼睛有时看着蛛网密布的天花板，有时盯着地上的尘土扬起又落下。

曲和多巴每次都会问她："您来有什么吩咐？"

次旺拉姆不回答，只是疲惫地笑笑，然后继续站在那里。

多年以后，曲和多巴从汉地商人那里听来了《望夫石》的故事，他恍然大悟，明白了次旺拉姆为什么会执着地站在他面前，那是在以沉默抗拒命运。

曲和多巴站在邬坚林寺前，准备宣布入选儿童的名单。

整个村子里的人都来了，深色的服装聚集在一起，仿佛暴风雨来临前的乌云，人们都在紧张地等待着。次旺拉姆与阿旺嘉措站在人群的外围，他们无意间已经与拥挤的人群隔开了一段距离，可是那些话还是传到了她的耳中。

"去读经，到时候如果能成为喇嘛，可以去拉萨见到伟大的五世。"

次旺拉姆低下头问阿旺嘉措："你想去读经吗？"

阿旺嘉措立刻说道："想。"

次旺拉姆没有再问，一连串的问题连同她心里的悲伤一同被咽下了。

曲和多巴说话的时候，人群安静了下来，他略带沙哑的声音越来越清晰，每念到一个小孩的名字，下面就更静。这是个特殊的时刻，紧张、恐惧无处不在。虽然已经有了心理准备，但是当听到阿旺嘉措的名字时，次旺拉姆还是微微一震，她仰着头，望着空洞洞的天，阳光从她的背后射来，她看见邬坚林寺里的钟正发出金黄耀眼的光。

三央没有参加曲和多巴的宣读仪式。傍晚放牛回家时，父亲告诉了他今天发生的事。

卓望达瓦郑重地复述了一遍曲和多巴的话，三央听懂了。两个人都很高兴，对于学经，三央自然是满怀希望，但真正让他想去的原因是，阿旺嘉措。

那个夜晚，三央做了一个梦，梦中，他站在布达拉宫脚下，眼前是千万级的台阶，阿旺嘉措就站在上面，他喊阿旺嘉措，阿旺嘉措低着头看他，眼中竟落下泪来，泪滴顺着台阶滚下来……

曲和多巴召集了所有要前往措那宗学习的孩子在邬坚林寺前集合。清晨的寒意从地面不断升腾，一些冷极了的人不时地搓着手，或者哈出些热气让自己暖和一些。三央站在人群的后面，重重叠叠的身影让他看不见阿旺嘉措。他踮起脚，忽然有人从后面拍了他一下，他回过头，是次旺拉姆阿妮[②]。

"你记得要照顾好阿旺嘉措啊！"

"那是一定的，阿妮你放心吧！"

当人群开始走动时，三央终于看到了阿旺嘉措。他站在曲和多巴身边，晨光中，他的身影孤单而遥远。

这天夜里，星斗满天，周围很静，仿佛一汪深潭倒映着人间的心事。阿旺嘉措因为下午去听高僧讲经没有吃饭，次旺拉姆给他煮了一盘血肠，阿旺嘉措似乎很累，吃完了就躺在了床上，次旺拉姆收拾好锅碗也挨着他躺下了。

阿旺嘉措通过白天高僧们的言语似乎已经意识到了什么，他很累，然而始终睡不着。次旺拉姆叹了一口气。阿旺嘉措一下子静

开了眼睛，他摸了下阿妈的手。

"阿妈，你还没睡着？"

"是啊，要不阿妈给你讲个故事吧。"

"好啊，好久没听阿妈讲故事了。"

次旺拉姆讲的是西藏古老而神圣的格萨尔王的故事。她挑格萨尔王降妖灭魔的部分讲，却不知不觉讲到了格萨尔的出生，当讲到格萨尔与母亲相依为命在外漂泊时，她再也讲不下去了。

这个故事次旺拉姆不知讲过多少遍。此时此刻，那来自远古的悲伤将她团团包围。她摸了摸躺在身边已经睡熟了的阿旺嘉措，心仿佛被掏空了。

告别的早上，次旺拉姆给阿旺嘉措整理好了行李，一个巨大而显得有些笨拙的包裹，阿旺嘉措拎在手里，次旺拉姆还想让他再多拿一些，哪怕只是一碗糌粑。

次旺拉姆跟阿旺嘉措说好，只把他送到家门口。但是在阿旺嘉措离开后，她还是跟了出来，远远地看着集合的孩子。

阳光越来越刺眼，孩子们已经走远了。次旺拉姆站在邬坚林寺前的空地上，不断地挥动双手，她多么希望阿旺嘉措没有离开，所有的一切只不过是一个梦。手越来越沉重，当阿旺嘉措一行人的身影成为一个小点消失后，她再也承受不住，瘫倒在地。

拉萨，布达拉宫。无数的谎言和骗局正在掩盖着五世达赖去世的消息。

斯伦多吉站在炽热的阳光下仍然感觉周身冰冷。侍从进去已经一刻钟了，斯伦多吉知道第巴桑杰嘉措非常繁忙，可心里还是觉得他是在吩咐侍从如何处置自己。斯伦多吉在布达拉宫当差，给自己谋了不少财物，令他气愤的是，在布达拉宫当差的人那么多，很多人都谋过财，为什么第巴就单单只抓了自己呢？斯伦多吉摇了摇头，告诉自己不要再想了，他必须要冷静下来，好应付第巴的盘问，可是寒意还是越来越重，他的身体竟开始不由自主地颤抖。

斯伦多吉在听到第巴轻快的脚步声时，抬起了头，第巴竟然对着他笑了，这个笑让斯伦多吉心惊胆寒，他迅速低下了头不敢再看第巴。

斯伦多吉与第巴桑杰嘉措的那次谈话是绝密的，在那之后，斯伦多吉就消失了。

五世达赖的衣服是用上好的丝绸做成的，金灿灿的触感让斯伦多吉陷入到了幻境当中。他披着五世的衣服，坐在金座上，底下是万千信徒。幻境如同一丝微弱的火苗，在风中摇晃，阴森诡谲。他有时会走到窗边，偷偷地向下望，站在那里，正好能看见四世的灵塔，被黄金包裹，被宝石点缀，金碧辉煌。这座灵塔愈发引发了他的噩梦。

有两个人，一直出现在斯伦多吉的梦境中。

第巴桑杰嘉措左手持一根金刚杵，目露凶光地望着他，挡着若隐若现的逃逸之路。斯伦多吉转身，却常常在转身的一刹那惊醒，因为他又看见五世达赖在用刀子一样的眼神瞪着他。

斯伦多吉从噩梦中惊醒，他在黑暗中摸索着，想点燃桌上的酥油灯。整个布达拉宫都被黑暗包围着，悄然无声，甚至没有月光。斯伦多吉点亮了灯，温暖的光照亮了屋子。门前传来了侍从喇嘛的脚步声，斯伦多吉打了个寒战，立刻又把灯吹灭了。

脚步声停了，斯伦多吉害怕极了，双手捂着脸不断地低语着：

"五世，请您原谅，我不是有意做您的替身啊！"

战栗的语句，被黑夜吞噬，斯伦多吉虔诚的告白并没有得到宽恕。这样的夜对他而言，是恐怖而漫长的。

时光飞逝，眨眼间，传昭大法会和新年接踵而至。拉萨的春

第二章
到佛里去

天总是来得晚，三月的时候，冬色依然凝重，空气凛冽而冰冷，天空看起来分外高远。

斯伦多吉正面临着他人生中的最大危机——传昭大法会。在这次盛会上，他要为万千信徒摸顶祝福。盛大的节日往往容易暴露身份，一旦被发现，后果不堪设想，整个第巴政府也许会遭遇空前的灾祸。

传昭大法会前夕，斯伦多吉一直处于亢奋状态，他像只陷入了危机的野兽，奋力地为自己寻找着最后一丝生机。看见守门喇嘛在打盹，他踮着脚从门口跨了过去，他为自己能够逃脱而庆幸，但当他走到布达拉宫南门时，所有的希望都破灭了。那是一列由数十人组成的人墙，正处于高度警戒状态。斯伦多吉不得不又折返回去，再次坐到五世的房间里，他东看看，西看看，然后突然用棉布捂住了嘴，发出一阵揪心的低吼。沉闷的声音惊醒了打盹的喇嘛，然后他又听到了巡视的脚步声。

第巴桑杰嘉措终于来找斯伦多吉了，来商议传昭大法会的事情。说是商议，当侍从关上门后，斯伦多吉就立刻俯下了身，老老实实地听从桑杰嘉措的安排。桑杰嘉措一直背对着斯伦多吉，他不愿看见五世的衣服再次充满生气地站在自己面前。

桑杰嘉措告诉斯伦多吉，此次传昭大法会他不必露面，只要坐在肩舆上就可以了，竖起的黄纱会让他的面容朦胧不清。

斯伦多吉直到坐在肩舆上的那一刻，才真正明白第巴的意思。侍从喇嘛递给他一根刷过金粉的杆，金杆的前端拴着一条五彩布条，上面绣满了经文。他只需坐着，临空俯视即可，万千信徒都在他的脚下匍匐祈祷。斯伦多吉低着头看自己松巴鞋③上的花纹，纹理有些异样，左脚是个"劫"字，右脚是个"难"字，他的头"嗡"的一声，冷汗滚滚落下。

信徒们朝拜完，开始排起长队，依次从他的座下通过，他手里金杆前端的布条从信徒的头顶一一划过。金杆在斯伦多吉的手中越来越沉，他甚至感到，每一个信徒从布条下经过时金杆都在颤抖，这种颤抖让斯伦多吉觉得是五世的神灵在责问他。

第巴桑杰嘉措没有等到传昭大法会结束便回了布达拉宫，他从口袋里掏出两个巨大的松耳石④放在了五世的房间，然后又在房间里巡视了一圈。政务繁忙的他已经很久没来这里了。

五世的气息似乎还在，桑杰嘉措依恋地摸着五世的座椅，沉浸在缅怀与希冀的畅想中。但此刻，希冀已然超越了伤感，变得枝繁叶茂。

希冀是阿旺嘉措给他的，也是他给阿旺嘉措的。

巴桑寺的暮钟要比邬坚林寺的清朗许多。巴桑寺的钟是新换的，旧的钟因为经年风蚀破了个洞，敲出的声音像是寡妇的呜咽。巴桑寺自从换了新钟，每次暮钟过后的晚霞都似乎和平常不同了，变得更加绮丽、壮观，这样的晚霞给三央和阿旺嘉措的少年时光留下了深刻而美好的印象。

四年时间里，阿旺嘉措时常想念着家乡，他习惯在晚诵后来到后院。巴桑寺后院的围墙很低，只要坐得高一些就能看见远处的人家，在碉楼林立的草原上，仿佛无数突兀而起的石板。

阿旺嘉措常常坐在院墙上向远处眺望，看火红中带着甜蜜气息的晚霞，它们柔软、温暖，总是让他想起家乡的阿妈。关于阿妈，阿旺嘉措的记忆已经不多了。来这里很多年了，很多有关家乡的记忆正在纷纷消失。

他有时还会想起，阿妈温暖的手掌在离别的那晚轻轻地拍着他的背，阿妈的声音是温柔而慈爱的。

但是他已经想不起阿妈的头发到底有多长，阿妈手掌的红痣在哪里，这些细枝末节记忆的缺失成了他的遗憾。

阿旺嘉措在巴桑寺的几年，学业进步迅速，他对文字有着天生的敏感，五明⑤中，声明学得极好，经常得到经师的赞赏。但

第二章
到佛里去

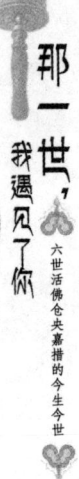

这样的好学并没有换来他期待已久的事情——回家。

经师们总是以各种理由拒绝他。

年岁尚小，学识不满，何以归乡？

路远雪深，你不识路，等到来春。

学经之人，心如明镜，不该恋家。

……

阿旺嘉措无从反驳，只能借着晚霞思念远方的阿妈。三央从他身后走来，递给他一个梨。

"秋深了，你该回去了，天冷。"三央关切地说道。

天上呼啸而来的大鹰，在头顶上盘旋几圈后便飞走了。阿旺嘉措转头看向天边，霞光已经退隐到了山里，天边萌生出一片灰暗。

"是啊，秋深了，又是一年了。"阿旺嘉措感叹道。

注释：

①三十二吉相、八十随好：皆指佛的妙貌。

②阿妮：对父亲的姐妹的称呼，这里因为卓望达瓦与扎西丹增亲如兄弟，所以三央称呼次旺拉姆为"阿妮"。

③松巴鞋：以花纹美丽而著称的藏鞋。

④松耳石：西藏人民最喜爱的绿色宝石。

⑤五明：亦称"五明处"，"明"谓学问、学科，五明包括声明、工巧明、医方明、因明和内明。

第三章

才看人间

阿旺嘉措是在大雪来临后的第一场打卦中决定要去北方的。打卦的经师看到结果后，打了个寒战，长叹了一声。卦文是那样的神秘、美丽，以致口耳相传，在桑巴寺里迅速地流传开来。

向北，拉萨，有你的福祉也有你的苦难。

阿旺嘉措在知道结果后，不自觉地向北方望去，一只黑色的秃鹰在乳白色的天际盘旋，雪花漫天飞舞，一丝丝的白到一片片的白，从天上缓缓落下，秃鹰不时地被白雪掩盖，辨不出身形。

阿旺嘉措从衣兜里摸出铜铃，反复摩挲着，铜铃光滑而温暖。

初春的时候，经师们决定把阿旺嘉措送到北方的贡巴寺学习，一是因为阿旺嘉措渐渐长大了，经师已经无力再教授他，二是因为卦象的指示。

这一路走得很顺畅，路程也并不远，但阿旺嘉措到达贡巴寺时却感觉很累，天还没有大黑，他就躺下了，进入了沉沉的梦境。

梦中，大片柔软的云朵将他托住，他觉得浑身舒服极了，在缥缈而模糊的雾气中，太阳跳跃着离他越来越近，温暖的阳光、柔软的云朵，像水滴一样亲吻着他的每一寸肌肤。然而太阳越升越高，云朵被照得越来越稀薄，于是他从云端掉了下来，那一刻，他并没有感到恐惧，云朵飞快地从他身边掠过，他感到畅快淋漓，身轻如燕……

阿旺嘉措被窗外的歌声惊醒了，他起身，感觉下身一片冰凉，他害怕了，急忙点燃了酥油灯。侍从也被吵醒了，那是位和善年长的喇嘛，他一边替阿旺嘉措更换被褥，一边默念着佛经。

喇嘛退出去后，窗外的歌声还在继续。阿旺嘉措坐在窗沿下，心里十分愧疚，刚才在恍惚的灯光下，他看见了那位喇嘛的眼里流露出的失望和恐惧，那种表情，让他无地自容。梦就像是突然炸响的春雷，生机勃勃，毫无预兆，他再也睡不着了，索性听起歌来。

歌声苍老遒劲，在夜空中经树木、碉楼传唱，成了不间断的、欢快的回响。

姑娘
你不相信
那织成哈达的丝线
那塑起的三彩和泥塑

连同这手里的雕纹和木琴
都是我给你的爱
都是我历经千劫万难不死的灵魂

姑娘
一生太短
拿不出任何信物给你
虽然在你门前的莲花下
我曾经试过
我确实试过啊
要对你千倍偿还

姑娘
我是多么希望多么希望
我连同这爱
一起在佛前坐化避过岁月的问
……

措那宗的空气是暖的，因为这里的人烟多了。措那宗的每个
人似乎都在欣喜地生活，这里没有拉萨的喧闹，没有远郊的孤
独、寂寥，清净而殷实。阿旺嘉措还记得到贡巴寺的第一天，映
入眼帘的错落有致的房子，边走边说笑的卖青稞酒的妇女，她们
脸上幸福而满足的笑容，一切都是那么温暖、平实。

阿旺嘉措喜欢在贡巴寺的门前看书，那是一扇刚刷过红漆的
门，上面挂着数千条经幡，经幡是贡巴寺的老喇嘛们写的，工整
而细密。他来贡巴寺的这些日子，常常被叫去写经文，他们把写
好的经幡送给当地的百姓，有时是卖青稞酒的女人，有时是卖靴
子的商人，这些人拿到经幡后会虔诚地送来酥油和糌粑。

寺里的书大多是旧了的，带着潮气侵蚀的痕迹，但都保存得
很完好。檀丁的《诗境》是阿旺嘉措常拿在手里的，他第一次接

触这本书的时候，完全没料到文字竟能有如此强大的力量，他捧着书一动不动，感动得几乎要落下泪来。

贡巴寺是允许外出的，阿旺嘉措渐渐有了一些喜欢去的地方。

在措那宗，每一桩婚礼都是节日。阿旺嘉措走出贡巴寺的第一天，就遇到了红教喇嘛迎亲的队伍，他从那位头戴红色鸡冠帽的喇嘛身上感觉到了一种神奇的气息，他顿时觉得《诗境》里那些美丽的诗句复活了，它们从书本里走出来成为阳光，成为空气，在喇嘛身上环绕发光，随后又聚集到了美丽的新娘身上，她星河般灿烂的银饰，霓虹般的邦典①，娇俏的身姿与笑容，像针一样地扎在阿旺嘉措的心口。

阿旺嘉措一直尾随婚礼的队伍走到了拐角，直到人群消失。回过神来的那一刻，他感觉到了茫然，他的心不愿意再顺从那些戒律，他渴望一种自由，一种从未有过的自由。

玛吉阿米还记得来措那宗的那个夜晚，月亮很圆，和父亲去世那天一样。她听到了《姑娘》，一首哀伤却又带着欣喜的歌。她循着歌声走去，在那间关了门的茶楼外，她看见一位老琴师在弹唱。她不敢走近，直到琴师收起了琴，消失在茫茫夜色中，她才收回了目光。改桑姨母把她拥入怀里时，她的泪水落在姨母的衣襟上，打湿了一大片。

翻过这座山，再蹚过一条河，就是她的故乡。

玛吉阿米的父亲在唱完最后一场藏戏后，一病不起。那天夜里，大家都睡了，父亲摇醒伏在床边的她。

父亲已经极其微弱，口腔里弥漫着死亡腐败的气息。

她站在床边，心里异常平静。

父亲说，去措那宗，找你的改桑姨母去吧。

她等着父亲再多说一些，然而父亲却不再说话，眼睛里的光逐渐暗了下去。

她号啕大哭，摇着父亲的手。

离开家的时候，玛吉阿米只带了那张玄子②，那张曾在父亲的手底呜咽成殇的玄子。父亲常给她讲阿妈的故事，那个她从未谋面的女人。

经常是在夕阳西下，村里的妇女都在自家门口喊玩耍的孩子回家。父亲和她席地而坐，在柔软的草地上，父亲唱着那首《姑娘》，深情款款。父亲的身体在金黄的阳光中散发着温暖的气息。

父亲过世后，那张玄子再也没被弹起过。

改桑姨母是生母的姐妹。父亲说，那是一个苦命的女人，膝下无子无女，一直靠卖青稞酒维生。

在见到改桑姨母的那一刻，玛吉阿米没有想到自己会在一个陌生人的怀里哭得泣不成声。改桑姨母轻抚着她的肩膀，眼睛里满是泪水，同命相怜的悲苦在那一刻将两人牢牢拴住。

阿旺嘉措不再打听阿妈的消息，他开始从一位南方来的喇嘛身上询问有关邬坚林的一些事。

时间在悄无声息中流逝，淹没了过往的点点滴滴。

三央是作为侍从喇嘛一起来贡巴寺的。时间长了，阿旺嘉措的身份开始逐渐显露，整个贡巴寺的人都对他十分恭敬，连教授他佛经的老师也对他异常客气。三央来到贡巴寺后，很多天都没有见到阿旺嘉措，那扇与他隔开的门被上师们紧紧地锁着。

第巴桑杰嘉措早已经吩咐过，在阿旺嘉措举行坐床典礼之前，有关他是转世灵童的事情知道的人越少越好。

于是，底下的人揣测不断，上面的人心照不宣。

天开始热了，湿气越来越重，蚊虫多了起来。阿旺嘉措遭遇了自己人生中的第一场劫难，胃开始天天剧烈地疼痛。他的不适惊动了整个贡巴寺，经师们轮流为他诊断，却都得出相同的结果：湿气入体，胃炎。

雨水在措那宗是种恩赐，是神为眷顾众生而降下的甘霖。阿旺嘉措喝下经师调制的苦涩藏药后，倚在窗边，看着外面风雨大作。雨打向地面，与万物合奏，发出高低不同的声音，听起来十分美妙。由于药物的作用，他有些眩晕，雨声化作了背景，他恍惚中又听到了那苍老的歌声，忽高忽低，时而又消失在雨里，他摇摇头笑了。

经师缓缓穿过走廊，雨水打湿了他的衣裳。

年轻的喇嘛们住的房间门是开着的，经师径直走了进去。三央正在读红蚌巴的《除垢经》，明黄的灯光熨帖地照在书上，他看得入了神。

经师走到三央身后，他身上的潮气很重，三央突然回过神来。

经师示意他到外面来，两人站到了屋檐下。

“与你同来的阿旺嘉措病了。”

“唔。”

“寺里的滂噶尔③用完了，明早你去采些来。”

经师嘱咐完，一转身没入了贡巴寺的佛堂。

寒冷在破晓之前最为浓烈。月亮刚刚下去，四处是深重的青，一切都显得冷冰冰的。

滂噶尔是一种植物，生长在高山碎石间，由于生长的环境陡峭，采摘时通常需要两个人协作，一个人在上方用绳索套住另一个人，摘采的人顺着绳索慢慢下去，绳索其实起不了太大作用，只是预防跌落用的。

知道阿旺嘉措生病了，三央心里十分着急，天还没亮，他就拿了镐头和布包出发了。

昨夜的一场雨让山路格外湿滑，有些地方的泥土很蓬松，一踩上去就塌了。三央哼着小调往山上走，对他来说，能为阿旺嘉措做些事情已经是很大的满足了。

滂噶尔紫色的茎干零散地从碎石间伸出，三央顺着陡峭的岩壁攀缘而上。这种植物非常柔韧，徒手去折是折不断的，必须用镐头把土铲开，连同黑色的根块一同拔起。

三央努力地铲着土，脚下的石块松了也没有发觉，等土都铲在了一边，一施力身子一下栽了过去，他连忙抓住一株滂噶尔，然而滂噶尔纤细的茎干承受不住他的重量，他顺着山坡直滚了下来，幸好山坡不是很陡，周围都是雨后松软的泥土。

三央滚到了坡底，手中紧攥着断裂的滂噶尔。因为太过用力，滂噶尔划伤了他的手掌，几道血痕浮凸出来又沾染了很多泥土，整个巴掌火辣辣地疼。

三央甩甩手，又看看滂噶尔，笑了起来。

阿旺嘉措是被三央的敲门声惊醒的，三央一身泥垢地站在他面前，脸上是惨兮兮的表情。阿旺嘉措吓了一跳，仔细看着三央的模样，他忍不住笑出了声。

"你……怎么……跟泥堆里的牦牛一样。"

"我这还不是给你采药去了。"

"啊，那你也太不小心了，快进来吧。"

阿旺嘉措赶紧把三央让进了屋。三央转头看了下门外，问道："经师没来？"

阿旺嘉措把一块氆氇手帕递给了三央，让他擦擦脸。

"我昨晚吃了药，已经好很多了。"阿旺嘉措说道。

"你阿妈让我好好照顾你，你可要注意身体啊。"三央在阿

第三章
才看人间

旺嘉措的胸口轻轻打了一拳。

阿旺嘉措佯装退了两步，走到了窗前："这几天，你可曾听到窗外的歌声？"

三央摇摇头："我夜里睡得沉，没听到，不过听出去的人说，外面有时会唱藏戏，很热闹。"

阿旺嘉措失望地坐了下来。

三央想了想，笑眯眯地说："不如等你病好了，我们到措那宗的街上看看？"

阿旺嘉措高兴地笑了，又马上做了一个噤声的手势。

藏戏年年唱。有些人唱了一辈子戏，东奔西走，唱《文成公主》《诺桑法王》《朗萨雯蚌》《卓娃桑姆》《苏吉尼玛》《白玛文巴》《顿月顿珠》《智美更登》八大藏戏，还会唱《日琼娃》《云乘王子》《敬巴钦保》《德巴登巴》《绥白旺曲》，一直要把这些世代流传的故事唱遍，不过唱戏的人往往直到老去也唱不完，似乎戏里的人生永远也没有结局。

玛吉阿米和改桑姨母是赶着人潮去看藏戏的，有藏戏的日子，可以多卖些酒，还可以看热闹。对玛吉阿米来说，看藏戏也是怀念父亲的一种方式。

唱藏戏的人都是戴着面具的，纯洁的白色是善者，威严的红色是国王，柔顺的绿色是王妃，吉祥的黄色是活佛，半黑半白的是巫女，青面獠牙的是妖魔，眼睛嘴唇有窟窿的白布是村民。一出藏戏，以一鼓、一钹伴奏，戏子们唱着、说着、跳着，在面具下演绎着各种人生。

玛吉阿米和改桑姨母站在人群的外围，玛吉阿米特地把酒桶打开，想借酒的芳香招来顾客，改桑姨母却摆摆手又把酒桶盖上了，她耐心地告诉玛吉阿米，酒是一定要等到戏散了才能开的，现在大家都忙着看戏，没人会注意的。

不过这次改桑姨母说错了，在这一开一合的瞬间，三央和阿旺嘉措就都闻到了酒香，他们循着香气从人群的这端寻到那端。阿旺嘉措摸了摸口袋，直奔酒桶，想买一些酒。

他把皮壶递给了玛吉阿米，玛吉阿米接过壶低头灌酒，并没有看买酒的人。

玛吉阿米灌满了酒，阿旺嘉措把银子递过去，两只手相碰的一刹那，这才都抬起了头，看清了彼此。

若不是前世有缘，岂会一眼望穿，将时间、空间、言语都抛却，仅仅一眼，没有言语，却已相爱。

玛吉阿米手里的壶掉在了地上，阿旺嘉措也定定地站在那里，他们身后正唱着藏戏《文成公主》，文成公主在向松赞干布倾诉，那是一段如歌的戏文。

银子与酒壶坠地时发出了声响，两人如梦方醒。玛吉阿米手忙脚乱地道歉，脸颊一片绯红。阿旺嘉措也不知该说些什么，只是看着酒壶和银子，不时地望望玛吉阿米。

他把银子重新递给了玛吉阿米。

他犹豫了一下，试探地问道："明天……你还来吗？"

似乎她只要应答一句，一切就都好了。

她轻声说道："是啊。"

阿旺嘉措有些兴奋，故作的镇定与矜持立刻不见了踪影，一直笑着。

藏戏散去后，阿旺嘉措与三央又去寻玛吉阿米，她们却已经不见了。回贡巴寺的路上，两个人都没有说话。阿旺嘉措完全沉浸在对玛吉阿米的思念中，虽然只是一面，但是她的音容已经深深地烙在了他的心里。三央试着跟阿旺嘉措探讨藏戏的精彩，但阿旺嘉措心不在焉，三央只好作罢。

夕阳西下，阿旺嘉措的脑海里已经开满了灿烂的云霞。

第三章 才看人间

041

那是多美的姑娘啊，任何词汇都无法形容，她是雪山上最隐秘的雪莲，受到最初的雪水灌溉，受到最初的一缕阳光照射，她的一切都是纯洁无瑕的，尤其那双宛若湖水的眸子，那里面映着他的前世今生、一见倾心。

阿旺嘉措回到贡巴寺，上师端来的糌粑他一口也没吃，只是静静地坐着，时而突然笑一下。夜幕降临，他点亮了酥油灯，火苗驯服地跳跃着，像隐忍的少年的心。他想起了那首常在夜晚响起的歌，他也想写一首歌，一首有生命力的，能够包含对她的思念的歌。

他把纸垫在一册《甘珠尔》经上，思念顺着笔管，慢慢流淌开来。

他写了两句，停下来，再写两句，又停下来。心中的情感澎湃起伏，竟不能依从诗体的束缚，他想起了《诗境》，于是索性换了词语，用更为贴心的方式写下了他人生的第一首诗：

邂逅谁家一女郎，玉肌兰气郁芳香，
可怜璀璨松精石，不遇知音在路旁。

月华如水，透过窗棂爬上了人的衣衫。阿旺嘉措把写好的诗读了又读，本已平静的心又仿佛被炭火点燃，他再次写道：

心头影事幻重重，化作佳人绝代容，
恰似东山山上月，轻轻走出最高峰。

写罢搁笔，他的心里畅快极了，那些炽热的情感如同大江大河，在奔腾撞击之后，终于平静了下来。

外面又响起了歌声，阿旺嘉措走到窗前，望着空中的明月。银色的月光如飘逸的雪，零零落落，将树木幻化成亭亭玉立的姑娘，阿旺嘉措看得入了神，心里默念着：我也有我的姑娘了，这是多么幸福的事啊。

天亮后，他把诗稿装进了口袋，出了贡巴寺。

贡巴寺外的街道长不过三四里，平常唱藏戏时人山人海，一旦唱戏的人走了，就会立刻变得很冷清。人总是在巨大的喧闹过后，才会感到一丝落寞。

即便是冷清的，玛吉阿米也还是来了。改桑姨母本来让她今天去给小牛割草，她为了能早点出门，天还没亮就准备好了草料，都收拾停当后，悄悄地出了门。一路上，她又是欣喜又是担忧，心一直紧张地跳着。忽然，她想起一件事，两人第一次正式见面，总该带些礼物的。于是她又折回到家里，可是逡巡了半晌又在口袋里摩挲了许久，还是没有找到什么珍贵的物品。她硬着头皮灌了一壶青稞酒，带着出门了。

玛吉阿米站在街口，风从贡巴山上吹来，凛冽刺骨。贡巴寺在山前孑然屹立，肃穆庄严。她知道阿旺嘉措来自那里，她的心甚至开始暗暗祈求：他还未受戒。转念一想，他是否受戒，与自己有什么关系呢？不禁红了脸。

贡巴寺的晨钟是在阿旺嘉措身后响起的，三央伏在墙头对他挥手。他踏着露水来到了昨天的街上。

贡巴寺外的商铺零落而小巧，阿旺嘉措也想着送玛吉阿米一样礼物，他一家家地看着，从卖靴子的，卖首饰的，一直看到卖马鞍的，最后他从一位美丽的阿佳拉手里买了一对镶银的松耳石手镯。热情的阿佳拉问他要送给谁，他支吾了半天说不上来，阿佳拉便放过了他，捂着嘴笑了起来。

阿旺嘉措走在街上，手里拿着镯子，他有些懊恼，自己竟然连对方的名字都不知道。

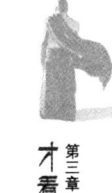

第三章
才看人间

他觉得有些愧疚，可转念一想，她本是那么美好，他又是那么眷恋她，过多的话语反而惊扰了彼此，不如就此静默、相爱。

他朝她走了过去，隔着几爿店铺，天光在她身后发亮，姑娘仿佛从天而降。

她伫立不动，眼波流转。

"你来了？我也刚到。"所有的等待都已心照不宣。

"你的名字是？"他有些怯懦地问道。

"玛吉阿米。"她微笑着回答。

"你呢？"她反问道。

"阿旺嘉措，是喇嘛给起的。阿爸叫我阿旺诺布。"他有些感伤地回答道。

"你多大了？"她注意到了他的脸，不再多问，有意岔开了话题。

"十四。你呢？"

"十六。"

两人低着头，都沉默了。

玛吉阿米忽然想起手中一直提着的青稞酒，她连忙把酒壶递了过去，阿旺嘉措先是一怔，随即笑了。

"是你酿的？"阿旺嘉措问道。

"是啊，刚跟改桑姨母学的，没有改桑姨母酿得好，只酿过一次，不敢拿出来卖，先拿给你尝尝。"玛吉阿米笑着说道。

"哈哈哈，其实，你是不愿意给我好酒喝吧？"阿旺嘉措顽皮地笑道。

玛吉阿米有些愠怒："你要不喝就算了。"说着，伸手就要去抢酒壶，阿旺嘉措一闪，举着壶喝了起来。

他一口气喝了很多，放下酒壶后大口地喘着气，然后从衣袋里掏出手镯递了过去。

"这……你……"她欲言又止。

他在阳光中笑得很开心，她也笑了，两人就这样相互看着，笑着。

阿旺嘉措回贡巴寺时，外面下起了雨，空气很清凉。在重重的雨幕下，钟声响了，沉闷、悠远。阿旺嘉措的耳边全是雨声，他心中十分欢喜，雨水打在他的脸上，被温热的皮肤暖热，如泪水一般。

阿旺嘉措回到房间换下了湿透的衣裳，怀里揣着的纸片突然掉了出来。借着灯光，他捡起来看了一下，黑色的墨迹已经在纸的四周洇开了。他无奈地笑了，心想，尽顾着说话了，诗歌都忘了念了。

他坐了下来，在雨的间隙里，他又听到了那歌声。他拿起了笔，笔是他的，心却是她的。

意外娉婷忽见知，结成鸳侣慰相思，
此身似历茫茫海，一颗骊珠乍得时。

阿旺嘉措刚写完，就有人来叩门。是三央。

三央端来了热好的糌粑和奶茶。阿旺嘉措起初没有看他，后来借着灯光，发现他身上的氆氇染了色，花花绿绿的。

"你前些日子去泥里，今天又去哪儿了？成了一头五彩牦牛了。"阿旺嘉措笑着问道。

"上师让我帮着去画壁画，寺里的壁画又添了很多，我在那儿打打下手，一般都是看熟练的喇嘛们画。"三央回答道。

阿旺嘉措这才想起来，是啊，贡巴寺的壁画，那些画满了整个墙壁的画卷，无论是斑驳古旧的，还是散发着潮气的，都是那

第三章 才看人间

么美丽、恣肆，它们用最简洁的线条和最艳丽的色彩传达着畏惧与崇仰的情怀，质朴、平凡，一生不变地守着一堵墙，就像人的情感，炽热、单纯、坦诚……

玛吉阿米是作为信徒来到贡巴寺的，她磕着等身长头一步步来到了寺里。阿旺嘉措和三央碍于喇嘛的身份没有直接让她进来。

等到三人见面时，玛吉阿米的额头已经一片瘀青，阿旺嘉措心疼不已，玛吉阿米却说："这是赎清今世的罪，为来世修福。"她笑着，虔诚而满足。

阿旺嘉措读过很多经书，懂得佛理，他想着要戏弄一下玛吉阿米，便问道："你不过豆蔻年华，今世何罪之有？"

玛吉阿米一下子愣住了，过了很久，她小声说道："只怕要辜负了别人……"她的心里已经燃起了一支蜡烛，她紧咬着嘴唇，使出全身的气力，想吹灭那火光。

偶尔逃逸的阳光在壁画上跳动、发亮。玛吉阿米走过去，想去触摸，三央刚要去制止，她的手却忽然停住了，手掌在空气中无限尊崇地缓缓移动着，似乎人已经穿越了时空。

三个人看的是旧壁画，由于年代久远，已经黯淡发黑，但仍然很精美，仿佛藏于地下的斗彩瓷，静动兼蓄，鲜明张扬，有着强大的生命力。

大殿里人声稀疏，多是诵经声与朝拜信徒的六字真言。酥油灯的气味有些腥，淡淡地飘在空气中。

玛吉阿米以前曾和父亲看过壁画，那时她还小，阿妈已经不在了。阿爸抚摸着她的头发，伤感地说："这些壁画原本如此，千年不变，但是要有缘才能看到。漫长的等候，只为一面之缘。"

现在，她又一次伫立在壁画前，阿爸已经不在了，身旁站立的是另一位她生命中最重要的男子。

玛吉阿米扭头看着阿旺嘉措，把阿爸的话又说了一遍。

阿旺嘉措没有回答她，只是紧紧地攥着她的手。

三央迫不及待地把他们带到一幅新的壁画前，那是莲花生大师像。莲花生一如十六岁的少年，眼眸清澈，面容秀美，莲花迎风怒放，像鲜血一般绚丽。

三央不无得意地说道："这里的壁画用的都是纯天然的颜料，红色的是珊瑚，蓝色的是青金石，绿色的是松石。它们千年不坏，除非败落。"

阿旺嘉措在那一刻，有如醍醐灌顶，他第一次感觉到了不能抵达永久的遗憾。

寺里的光线很弱，阿旺嘉措望着玛吉阿米，她娴静如剪影一般，如诗如画。

他心中回响着一个声音：要和她在一起，永远在一起。

有一种感情会长久地蛰伏在人的身体里，像蝉一样，历经十余载的岁月，在破土而出的那一刻就开始为燃烧生命而歌唱。

那便是，爱情。

阿旺嘉措经常读完了经就出门四处走走，认识了玛吉阿米后，就经常去她家附近。今天的经书似乎格外乏味，他读了两句便觉无趣，悄悄地溜了出来，走着走着又到了玛吉阿米家。他轻轻叩了几下门，玛吉阿米疑惑地探出头，一见是他就笑了。

她把阿旺嘉措让进了家里，改桑姨母不在，只有她自己在家。阿旺嘉措刚一坐下就听到外面传来的玄子声，琴声时而如清泉流淌，时而如瀑布骤然落下，混入的老迈的歌声更是让人动情。

阿旺嘉措激动地站了起来，这不正是自己夜夜在寺里听到的歌声吗？

……
姑娘
我是多么希望多么希望
我连同这爱
一起在佛前坐化避过岁月的问
……

他们一起静静地听着，都沉浸在了歌声里。

他们找到了那位热巴④。他是热巴，也是邦古⑤，精神矍铄地坐在街角，年纪已经很大了。

阿旺嘉措走近了他，低下身恭敬地问道："您唱的曲子叫什么名字？"

"《姑娘》。"

"多美的曲子啊！"阿旺嘉措赞叹道。他立刻到邻近的店铺里买了一条哈达，疾奔回来，双手捧起献给了老人。

"我没什么好送给您的，只有一颗倾慕之心。"阿旺嘉措说道。

老人激动得半天说不出话，他接过哈达，说道："年轻人，我不要他们施舍我金钱，因为那些够不到我徘徊的灵魂，唯有相知的心，听懂这支歌，那才是我要的。"

老人说完，又笑着问阿旺嘉措："年轻人，你想学琴吗？"

阿旺嘉措摸着那把古旧的琴点了点头。

"您能唱别的吗？"他从怀里掏出几日前写好的诗。

"我没去过寺庙，不认得字。"老人摇摇头。

阿旺嘉措便念给他听，他还是摇了摇头："莫不如你自己学会了，弹唱给这位姑娘听？"

阿旺嘉措回过头，玛吉阿米正用湖水般温柔的眼神看着他。

老人名叫次旦，阿旺嘉措十分尊敬他，跟他学习曲谱、弹奏，亲切地叫他"次旦阿爸"。次旦阿爸也把阿旺嘉措看作了自己的孩子，尽力教授。阿旺嘉措学得认真，极得他的欢心，三个人其乐融融，整天笑声不断。阿旺嘉措自从来到贡巴寺，已经很久没这么开心过了。

"你有多爱那位姑娘？"次旦阿爸问。

"我是回答不出有多爱的，次旦阿爸，就像是我的心只有这么大，但是有人进来了，我便为她造了一间屋。那一砖一瓦都是坚固而永恒的，这间屋是她的，若是她走了，那么经过这间屋的风、太阳、月亮、云朵都是她的。这是改不了的。"阿旺嘉措回答。

次旦看着阿旺嘉措，仿佛看到了旧日时光里的自己，为爱成痴。

改桑姨母对玛吉阿米视如己出，虽然玛吉阿米已经长大了，可以自己酿酒，打理家务，但改桑姨母一个人孤单太久了，忽然间多出了一个女儿，她对上苍说不尽的感激，家里大大小小的活儿她都和玛吉阿米抢着干，尽量不让她动手。

玛吉阿米在藏戏会上遇到阿旺嘉措被改桑姨母看见了，她见两人情投意合，没有打扰，躲进了人群里。

夜深人静，她睡在玛吉阿米身旁，问她那人是谁。

玛吉阿米起初不肯承认，改桑姨母就找话去套，玛吉阿米隐瞒不过，就把事情都说了。

改桑姨母听完，心里很是安慰。她嘱咐玛吉阿米，一定要带那人回来让她瞧瞧，要是瞧对了，这门亲事就算定下来了。

玛吉阿米满心欢喜，对姨母充满了感激之情，想说些感谢的话，却红着脸什么也说不出，只是紧紧地搂着她。

转眼间到了冬天，贡巴寺下雪了。

阿旺嘉措一直跟次旦阿爸学琴，从盛夏学到秋末，直到入

了冬。他的琴艺还不够纯熟，但演奏自己的曲子已经没有问题了。

这一天，阿旺嘉措、三央一起来到了次旦阿爸家。阿旺嘉措希望三央能来见证自己的爱情。

阿旺嘉措开始调试琴弦，玛吉阿米则为每个人倒上了一杯醇香的青稞酒。

阿旺嘉措试弹了几下，然后，轻声唱了起来：

邂逅谁家一女郎，玉肌兰气郁芳香，
可怜璀璨松精石，不遇知音在路旁。
心头影事幻重重，化作佳人绝代容，
恰似东山山上月，轻轻走出最高峰。

如果说诗歌是美丽的瑰宝，那么音乐就是光芒，只有在光芒的照射下，瑰宝才能绚丽夺目。音乐是引子，将诗歌中潜藏的万千感情，从笔墨间徐徐导引出来，让听到的人沉醉其间，不可自拔。

不知什么时候，屋中又多了一个人。阿旺嘉措专心致志地唱着，没有在意。

玛吉阿米看见了，慌忙说道："改桑姨母，您也来了。"

"是这美妙的曲子，把我吸引来的。这人，就是你说的阿旺嘉措吧？"她目不转睛地看着阿旺嘉措。

阿旺嘉措立刻放下了琴："改桑姨母，您好。"

改桑姨母见阿旺嘉措眉清目秀，还弹得一手好琴，心中已经有了好感。她问道："这歌是谁写的啊？"

玛吉阿米抢着说道："是阿旺嘉措。"

改桑姨母看着阿旺嘉措笑了起来，她显然已经喜欢上了这个年轻人，才情、礼貌、儒雅，样样都好。

她笑着："小伙子，再唱一曲，我就让你娶了玛吉阿米。"

琴声、歌声再次响起。玛吉阿米红着脸，跟着唱和，拍手。爱人、诗歌、父亲的琴、亲人，眼前的一切，都再好不过。她，沉醉了。

马头琴在风中奏响。铅云沿着天际直压过来，半边的天还是清澈瓦蓝的，阳光继续照耀着一望无际的大地，泽被着苍生。

蒙古准噶尔部的汗王噶尔丹，正坐在华丽的大帐内，下面站满了文武大臣。今天，是他的五十岁寿辰，他效仿成吉思汗，下达了集合命令，然后闭上了眼睛。稍后，他开始数数，数到一百后就伸直一根手指，等十根指头都伸直了，他才慢慢地走出了大帐。

他的人马整整齐齐地排列在阳光下，旌旗猎猎，铠甲分明。他按着腰刀，又向前走了两步，满意地笑了。

铅云继续游移，阴影渐渐遮住了旌旗下的人马，他们如退潮的水一般隐没在了黑暗之处。

第巴桑杰嘉措派来的济隆呼图克图已经占卜完毕，他恭恭敬敬地把结果写在了黄绸缎上，那是大军南下作战的日子。

济隆呼图克图是康熙皇帝要求五世达赖派来劝说停战的，但实际上他只是一个幌子。

一切都是五世去世后桑杰嘉措的政治安排：一、借助噶尔丹从侧面给皇帝施压，让皇帝惧让自己三分；二、可以给在西藏分权的硕特部施压，若噶尔丹能牢牢地掌控整个青海，威慑西藏，赶走和硕特汗王，自己便可以独揽西藏大权了。

噶尔丹看了下济隆呼图克图选定的日子，又回头看了看自己的大军，他踌躇满志，登上了最高处，手扶着刀柄，迎风说道："明年，最迟后年，不，还是明年吧，我将再次出兵！"

济隆呼图克图双手合十："佛保佑你。"

乌云完全遮蔽了太阳，四下一片昏暗。轰隆隆几声巨响过后，大雨瓢泼而至。

注释：

①邦典：藏族妇女喜欢的彩裙，织有横纹图案，系在袍子的前腰上。

②玄子：日喀则地区民族乐器，有三根弦。

③滂噶尔：又名船形乌头，藏药。生长在高山乱石中，主治胃炎、肝炎、肾炎、肠炎。

④热巴：藏语，歌手。

⑤邦古：藏语，乞丐。

第四章
达赖君临

康熙三十四年（公元1695年），藏历四月二十日。第巴桑杰嘉措把一块无字碑立在布达拉宫的前面时，突然发现天空中的太阳消失了，周围寂静无声。他诧异地仰头寻找，身后却响起了万千僧众的念经声。

桑杰嘉措转过头，一颗闪亮的星星降落在了布达拉宫上空。他定定地望着，泫然而泣。

今天，红宫与五世达赖的灵塔殿将举行盛大的完工典礼。朝拜的民众蜂拥而来，争相目睹这一盛况。

参加庆典的人很多，桑杰嘉措特意邀请了参与工程的和尚以及皇帝派遣来的一百一十四名汉族工匠赴宴。席间，觥筹交错，宾主十分尽兴。

宴会结束后，桑杰嘉措带着醉意徜徉在布达拉宫里。油漆辛辣的味道还没有散尽，整座宫殿除了刚才推杯换盏的殿厅外，都还

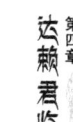

是一片寂静。他抚摸着每一根坚实的梁柱，凝视着每一幅鲜艳的壁画，几乎每走一步心就要剧烈地跳动一次。

他深深为这座宏伟的建筑感到自豪。白宫部分还是在第一任第巴索南热登的主持下完工的，红宫则是在他的主持下建成的。两部分的结合天衣无缝。他颇为这一切自豪，而完成了五世的遗嘱则让他十分满足和欣慰。

布达拉宫里有三处是桑杰嘉措最在意的。

其一是松格廊道，那是通往各个宫殿的必经之路。南墙上镶嵌着五世达赖赐权给他的一双手印。其二是司西平措，那是五世达赖灵塔殿的享堂，里面有记录五世达赖一生活动的精致壁画。其三是五世达赖的灵塔，塔高14.85米，全部用金子包裹并镶满了珠玉玛瑙，华丽至极。

桑杰嘉措欣赏完这三处地方，心像掉进了一片清凉的湖中，回忆与期待一起涌来。他喜欢这种感觉，被回忆拥抱、环绕的感觉。

正在沉思之际，有人从旁边呈上了一封信。信的火漆是济隆喇嘛的，他连忙拆开。在描述完噶尔丹的强大和蒙古众教徒对五世达赖与他本人的祝颂后，济隆婉转而谦卑地写道：由于在乌兰布通战役中出面替噶尔丹求和，使朝廷的大将军裕亲王福全上了当，得罪了清朝皇帝，不能再留在噶尔丹那里了，希望能恩准他返回西藏。

桑杰嘉措的脸上浮出一丝笑意。这个济隆怕是害怕了，但现在让他回来还不是时候，不能因为他一个人功亏一篑，目前他还得继续待在噶尔丹身边。

桑杰嘉措提起笔，蘸着浓墨写道：

若是还想回来，便要与噶尔丹的大军一起回来。

冬日，飞雪飘飘。人间的一切都被掩埋了，就连紫禁城中的荒草也没能幸免，大地一片银装素裹，除了满目的白，读不出任何故事。

乾清宫里，火盆驯服地吐着火苗，将寒意一点点驱散。几盏灯是亮着的，隐匿其间的蜡烛烧得正旺。

康熙放下了手里的笔，这轻微的声响打破了沉寂。

"乌兰布通之战，臣从厄鲁特①降人那听说，西藏有些流言，似乎五世达赖已经圆寂多年了，但因没有确切的证据，臣一直未敢启奏。"恭候多时的大将军费扬古向前走了一步说道。

"此事裕亲王已经启奏过了。"康熙语气淡然，转头看向了窗外，眼睛被雪光映得越发明亮。

"济隆喇嘛为噶尔丹乞和，有意误我追师，已经引起朕的猜疑。"康熙说。

"陛下不如传谕西藏，叫他们派人进京责问清楚。"费扬古提议道。

"正合朕意。如果达赖确实已经去世，他固有欺君之罪，但他目中尚有朝廷，无非是要借朕巩固他在藏之权，也可赦罪。朕只怕他对噶尔丹还有助纣为虐之举。而噶尔丹不除，我边境永无宁日！"康熙面带不快，言语掷地有声，整个乾清宫鸦雀无声。

他来回踱着步，眉头紧蹙，忽然，他转过身，一字一顿地说道："费扬古，你即日驰赴归化，调陕甘之兵出宁夏，自翁金河出其西；将军萨布素引满洲军会同科尔沁部出其东；朕亲率禁军为中路。克期夹攻。纵然天寒地冻，路遥马亡，也要将噶尔丹全歼！"

康熙三十五年（公元1696年）六月十二日，大清万千军马如期出动，噶尔丹偕数十骑仓皇逃亡，连妃子阿弩也死于交战的炮火中。

同年，济隆喇嘛从蒙古逃回西藏。

风从来不是孤单的，它吹过湖泊便沾染了水汽，吹过丛林便卷带着落叶，吹过戈壁便裹挟着沙砾。细小的沙砾是刀，每一阵风吹过都会割伤人的脸。拉萨，风力更胜。桑杰嘉措射箭时几乎已经睁不开眼，这样恶劣的天气恐怕只有他还会出来练习骑射。

他手一松，"嗖"的一声，一支响箭呼啸着穿破风墙直中靶心。

正待抽出第二支箭，他身后传来侍从的声音："康熙皇帝的使臣到了。"

桑杰嘉措望着靶心，面无表情地说道："回宫！"

桑杰嘉措接了圣旨，跪在大殿里。风越来越大，天色也暗了下来。酥油灯的光亮将整座大殿填满，周围一片昏黄。

使臣的声音有点像深秋的鸢鸟，一片一声，决绝而暗哑。

朕向来崇道爱生，对汝等皆恩宠有加。但汝却多次欺君，不知悔过。诸多罪行，汝尽力遮掩，纵然朕不闻不问，千万眼线也告知于朕。汝遣使济隆，为噶尔丹叛乱择选吉日，为其祈福鸣鼓，并与之阴谋叛乱，若胜则献其哈达，若败则与朕说情。朕本欲召见班禅，汝却谎称噶尔丹欲诛之，使其不能进京。济隆派至噶尔丹处之使被俘，朕方知达赖已圆寂九年。如此重大事项，汝竟不报，使朕一直蒙在鼓里。朕顾全大局，怜悯众生，汝若能悔改，将济隆呼图克图立即逮捕，押送进京，朕则不再追究。汝若抗命不遵，朕将发云南、川陕之雄兵征讨，或朕御驾亲征。今日特派使臣晓谕，附带噶尔丹佩刀一把及其妃之佛像一尊，佩符一块，作为告捷之礼。随敕书赐汝锦缎三十六丈……康熙三十五年八月甲午。

使臣的声音戛然而止。桑杰嘉措怔在原地，一动不动。

使臣见桑杰嘉措没有动静，便提醒道："皇上还等着第巴回奏呢。"

桑杰嘉措如梦方醒，忙说："臣一定谨遵皇上手谕，及时派遣使臣上奏。"

济隆喇嘛是在使臣的迎接酒宴上出现的，他穿着蒙古平民的衣服，跌跌撞撞地来到桑杰嘉措面前，涕泪交加地让桑杰嘉措允许他避难，放他一条活路。

桑杰嘉措的心里上下起伏着，对于他这样的政治老手来说，权力的较量是时刻要有人牺牲的。他叹了口气，望着伏在脚下的济隆喇嘛，百感交集。

翌年正月，拉萨的雪仍旧一层一层地下，新的覆盖住旧的，踩上去层次分明。第巴桑杰嘉措在写密奏信时，外面又飘起了小雪，雪花又一次掩盖起了众人的足迹，此夜一过，一切又将如初。

桑杰嘉措时而皱眉，时而叹气，最终还是提笔写道：

> 众生默哀，五世达赖喇嘛已于壬戌年示寂，其转世灵童已年满十五。其时臣献念珠及破碗，寓意即是达赖示寂。因担心藏区局势，故只能以此方式上报吾皇。吾皇定是国事繁忙，未能明白臣之愚意。如今大局已定，方才正式禀报，恳请吾皇恕罪。现今内部仍明争暗斗，但六世达赖已该坐床，时间拟定于藏历十月二十五日，宗喀巴②圆寂之日。为藏区大局，愚臣恳请吾皇暂缓宣布。至于班禅，乃因其尚未出过天花，故不敢进京。济隆现已畏罪潜逃至康巴地区，臣必全力搜捕，将其缉拿押送进京，届时尚乞吾皇念其曾受佛戒，饶其一死。……

桑杰嘉措把写好的密信交给心腹曲和多巴，让他立刻进京，

曲和多巴接了信马上退了出去。

桑杰嘉措站在布达拉宫的台阶上,遥望一骑绝尘,心里忐忑不安。

这一年过得很快,似乎夏天还没怎么过,秋便来了。秋风吹落了黄叶,带来了寒意,门隅地区的秋天总是如此,冷风一过,再一眨眼,秋便深了,草木凋零。

刮风的日子里,阿旺嘉措就把铜铃拿出来,拎在手里,铜铃见风便叮叮作响,声音异常欢快。

改桑姨母答应让他娶玛吉阿米,但这样一来,就有很多现实问题要考虑,比如两个人的年纪,在哪里定居,如何养活自己,怎样照顾改桑姨母等等。

然而许诺即便遥远,阿旺嘉措还是觉得是可以等到的,只要他再长大一点,再成熟一点,多学一些知识,那一天终究会到来。

在这个朴素的小镇子里,年轻的情侣是不可能有什么奢华或惊天动地的经历的。初恋的滋味像一棵饱满的蒲公英,被悄悄吹落在生活的每一个细节里,潜滋暗长,逐渐开成一片绿荫。

他们经常做的一件事,就是去次旦阿爸那里听故事。次旦阿爸很会讲故事,经常是他绘声绘色地讲,两个人听得泪眼婆娑,动情不已。故事都是老旧的,其中最让他们感动的,是关于青与海的。

青是草原上最好的猎手,打狍子,杀狼,捉土拨鼠,样样精通。不幸的是,他爱上了土司家美丽的女儿海。

海是不能嫁给青的,土司家的女儿要嫁给一位年轻的土司。如果不这样安排,一旦老土司去世,那么海的家族将遭遇灭顶之灾。年老的阿妈,年幼的弟妹,都是海的牵挂。

在无数个夜里,青与海隐匿在茫茫的高草中,细语呢喃,许下海枯石烂的诺言。每次相见,海都会心生悲凉。她经常伏在家中碉楼的墙头,狠狠地咬着嘴唇,任泪水恣意流淌。这样的日子过了一天又一天。

一样是月夜，青在草海等着心爱的女孩。那时已是秋天，繁草枯萎，周围一片灰黄。海赶来时，泪水在脸上结成了霜。

青不看海，他拉着她的手，语调激动。

青是那么年轻，热情如火，对未来梦幻般的期待已经让他兴奋难抑。

你守家，生火；我放牧，打猎。一切再好不过。

海的手指冰凉，寒意侵蚀着她。她像是预感到了死亡，闭上了眼睛，任凭青将她拉到天涯海角，那是她的命，她不能挣脱。

青牵着海的手，奋力地向前奔跑。这时，一阵强劲的风卷带着焦灼的气味从他们身后吹来。海回过头，一栋青黑色的碉楼正吐着冲天的火舌。她一下子瘫倒在地，泪如雨下。

她摆脱了青的手，摇摇晃晃地奔回家，青在她身后悲伤地喊着：海，海，你不跟我走了吗？

她在心里默念着：是不跟了，是不跟了。

她回到了家，心如死灰。

她年轻的未婚夫正站在她泪流满面的父亲面前。

因为月黑风急，追不到他们，老土司便提议烧了碉楼。

她的未婚夫烧了一座楼换回了他的婚姻，却毁了她的爱情。

青也被抓了回来，他颓丧地等待处置。老土司仁慈，只是驱逐了他，让他永远不要再回来。

青与海没有告别。

爱情在两个人心中，忽然变得难以启齿。

……

次旦阿爸每次讲到这儿，都会流泪，泪水滴在枯白的胡须上，琴声也会在此时响起，如泣如诉。

玛吉阿米极喜欢格桑花。格桑花多姿多彩，随处可见，常常

一簇里有白有紫，就连结成的花籽都是能吃的。格桑花的茎纤细柔软，随风起舞。阿旺嘉措在夏天总会摘一些放在贡巴寺里，这样即便两人分开，他也仿佛看见了玛吉阿米。

阿旺嘉措常给玛吉阿米念诗，虽然玛吉阿米不识字，但是悟性很好，阿旺嘉措每念完一首，她都会感叹一番，言语简单，却总是句句说进阿旺嘉措的心里。

心有灵犀的两个人，尽情地享受着生活的快乐。玛吉阿米的心全部系在阿旺嘉措身上，阿旺嘉措却还不知道明天对他来说意味着什么……

曲和多巴赶到京城的时候，康熙皇帝在行宫的二门屈驾相迎。曲和多巴跟在康熙身后，走得极慢，在路过无数个像士兵般驻守的大缸时，他探头朝里面望了望。青色的缸底映出了他疲惫的面容。康熙回头亲切地问道："可是一路上累坏了？"

曲和多巴笑了笑，躬身说没事。那千里路程即便是日夜兼程，对于整个西藏的安危来说又算得了什么呢？

乾清宫，康熙提起了笔，他又看了一眼曲和多巴。

曲和多巴谦卑地躬着身子，康熙顿了顿，干咳了一声，曲和多巴立刻颤了一下，康熙看在眼里，脸上浮起一丝不易察觉的笑容。

他朱笔一挥，写下一个"允"字。

曲和多巴马不停蹄地赶回了西藏，第巴桑杰嘉措早已经在布达拉宫里等候了。

曲和多巴恭敬地呈上了密信，那个飘逸而极富力度的"允"字，让桑杰嘉措终于释怀。

阿旺嘉措的师父是个酷爱打卦的经师，他总喜欢在日落时卜上一卦，据说在昼夜交替之时，卦象最容易窥到天机。

这一次，他没有读出阿旺嘉措的卦文。

夕阳西斜，金色的余晖布满整个贡巴寺。阿旺嘉措刚踏进寺门，铜铃便从他怀里掉了出来，在尘土里打了个滚，然后顺着斜坡滚落，叮叮……叮叮……

突然发作的铃声，惊得鸟雀四起，扇动翅膀的声音不绝于耳。

阿旺嘉措捡起了铜铃，天地一下子暗了。

他抬起头，是师父。

师父说："第巴正在找你，你是有佛缘之人，要去受戒了。"

阿旺嘉措愣住了，他呆呆地望着师父。师父慈爱地笑着，又说道："明天第巴的人要来接你，去准备准备吧，这是喜事。"

师父说完，身后就出现了三个士兵模样的人。其中一个站过来恭敬地说道："您不要害怕，我们是第巴派来保护您的，请您今夜不要再出寺院了。"

三个人随后站到了阿旺嘉措的卧房前和寺院门口。

阿旺嘉措的师父折回经堂时，打好的卦被风吹乱了，他把卦整理好，叹了口气，然后又笑了。

阿旺嘉措漫无目的地在寺中游荡，他清醒地意识到，自己要走了。他来到了三央的卧房前，叩响了门。

在见到老友的那一刻，他难得差点哭了出来。

"我明天要走，去拉萨受戒。"

"你能帮我叫玛吉阿米来吗？"

三央疑惑地看着阿旺嘉措，欲言又止。

阿旺嘉措疲惫地解释道："我也不知从何说起……"他其实想说，我怕是再也见不到她了；我这一去可能会很久；我是想让她等我……这些话他说不出口，他怕一旦说出来，就会变成真的，于是只能无奈地看着三央。

第四章
达赖君临

三央不再追问，披上衣服，转身直奔寺门。

夜色很浓，他的身影瞬间就不见了。

阿旺嘉措一直站在三央的卧房外，门口的白杨树在如银的月光下显出落寞的身影，风徐徐吹来，叶子沙沙作响。

玛吉阿米和三央被拦在了门口。寺院夜里是不允许生人进来的，尤其是女人。

三央没有过多争辩，他带着玛吉阿米攀上了贡巴寺的院墙，但到了自己的卧房前才发现，墙下竟没有任何可垫脚之物，连能攀缘的树都没有。他只好蹲下身来，双手交叉搭成一节台阶，示意玛吉阿米踩上去③。

阿旺嘉措听到外面有动静，正要发问，一个熟悉的声音从墙头传了过来。

"阿旺嘉措？阿旺嘉措？"

他回头，看见了她。

她攀在墙头，他站在墙下，两人就这样默默地对望着。

还是她先开了口。

"你要走了吗？"她轻声地问道。

"是啊，明天第巴派人来接我。"

"是去拉萨吗？"她温柔地看着他。

"是啊，去受戒。"他伤感地回答。

她勉强笑道："那是好事啊……"

两人远远地对望着，就像次旦阿爸讲的故事一样，爱情忽然变得难以启齿。

她摇了摇头，慢慢地从墙头消失了。

玛吉阿米从贡巴寺回来的时候，泪水已经在脸上结成了霜。她第一次感觉自己像个躯壳一样在往家走，灵魂留在了杨柳树下的少年那里。那少年曾经弹着阿爸的玄子，许诺要给她一生一世的幸福，她信了，她傻傻地以为，只要有了他，整个世界便都有了。

此刻，正是应了自己的祈愿，有了他，整个世界都有了；没了他，整个世界也都没了。

改桑姨母已经知道了整件事情。第巴桑杰嘉措派专人来告知她们，阿旺嘉措身份非凡，希望她们以后不要再和他来往了，来人临走还给了改桑姨母一把藏银，改桑姨母气愤地把银子摔到了门外，然后坐下暗自垂泪。她想好了，等女儿一回来，就让她去宗本④那里起誓，以后不再和阿旺嘉措来往了。各人有各人的福，不能勉强，女儿自小孤苦伶仃，再也受不得半点委屈了。

玛吉阿米回来后，两人木立在桌前，谁也不说话。

沉默良久，改桑姨母先开了腔："你知道姨母为什么一直是一个人吗？其实我也曾嫁过人，那人是屠夫。按理说，应该是最卑贱的职业，我不嫌弃他，结果我俩成婚以后，常常争吵，后来我才明白，一旦地位上有了差距，就难免会互相猜疑。"

她见玛吉阿米沉默不语，又说道："你明天去向宗本起誓吧。"

玛吉阿米听了，一下子哭了出来："他是要去拉萨受戒啊。"

改桑姨母愣住了，有这么多侍从来接他去拉萨受戒，莫非……莫非他是达赖转世？可五世达赖并未圆寂啊！

她没有得到一个确切的答案，但似乎已经有种神秘的力量在压迫着她，让她喘不过气来。

过了很久，她走到玛吉阿米身旁，抱住了她，轻声说道："你们缘尽了，缘尽了……"

进入八月后，第巴桑杰嘉措开始为阿旺嘉措的坐床忙碌起来。坐床是新达赖正式继承前世达赖地位的盛典，仪式之隆重、

063

意义之重大在西藏是前所未有的。现在，让桑杰嘉措发愁的是，此次坐床带有明显的突击性质，说不定会带来一些政治后果，达赖汗⑤与拉藏王子都不是省油的灯。

和坐床有关的，还有个最重要的问题，就是阿旺嘉措的受戒地点。桑杰嘉措最初决定在聂塘的诺布尔康举行，为此，他已经写了密函请五世班禅罗桑益西即刻从日喀则起程直奔聂塘。但又一想，聂塘离拉萨太近，一旦公布了匿藏灵童多年的事情，万一有风吹草动，新达赖的安全不易保障。思量再三，他想起了冈巴拉大山那边的浪卡子，那儿离拉萨较远，而且东南方向是一望无际的羊卓雍湖，西去有翁古山之险，北上有冈巴拉之雄，地理位置绝佳，即便发生意外也是易守难攻。

桑杰嘉措把前前后后又都仔细想了一遍，最终长舒了一口气。他写了两封密信，一封是请班禅转赴浪卡子，另一封是让阿旺嘉措一行也赶赴浪卡子，谁先到就停下来等着，他自己也会尽快赶往那里。

桑杰嘉措安排完这些，走到了布达拉宫的平台上。长明的酥油灯的光芒正从白宫的东、西日光殿⑥洒出来，铺就了一条金黄的道路，缥缈而不可预知。

他知道，这里就要迎来新的主人了，一个新的时代即将诞生。

酥油灯的火焰扑朔不定，似乎该加一些灯油了。阿旺嘉措的笔长久地停留在纸上，写不出一个字，心里却像遭遇了飓风的海洋，波涛翻滚。玛吉阿米的音容，化作四周黏稠的空气，在他每次呼吸的瞬间，都会点燃他，一点点地煎熬他。

阿旺嘉措在卧房里徘徊，时而起身，时而坐下。那几株枯萎的格桑花让他清楚地看见，自己的心已轰然老去。

他想给玛吉阿米写封信，可是犹豫再三，却不知从何写起。

他回到桌边，挑了下灯芯，屋子亮了一些。他重新拿起了笔，那支往日轻巧的笔此刻像磨盘一样沉重。不过，即便是磨碎了心，他也还是要写一些东西：

> 含情私询意中人，莫要空门证法身，
> 卿果出家吾亦逝，入山和汝断红尘。

他默默地读了一遍，那颗属于初恋的心是多么珍贵，即便兀自许下出家亦不相离的话又怎么够？他心下凄然，又写道：

> 情到浓时起致辞，可能长作玉交枝，
> 除非死后当分散，不遣生前有别离。

这一夜，阿旺嘉措做了一个梦，梦中是大片的格桑花被风吹得七零八落，仿佛碎掉了的珊瑚海。

曙光哀伤，露出夕阳般的色彩。侍从牵来的陌生枣红马，眼神温顺，阿旺嘉措扶着马颈，向着清冷的街道眺望。他不舍地看着，心里祈求着玛吉阿米的出现。现在，只要她出现，轻轻挥一挥手，他就过去，与佛绝缘。

朝阳陡升，光芒越来越浓，浓到化为一片耀眼的白。阳光刺痛了阿旺嘉措的眼睛，玛吉阿米始终没有出现。他像磐石一样屹立不动，旁边的侍从会意地说道："玛吉阿米姑娘，只是您的朋友，您很快就要受戒，不能再接近女人。玛吉阿米已经向宗本和寺院起了誓，做了保证，不再和您来往。您要是准备妥当了，就请上路吧。"

年轻的阿旺嘉措擦掉了泪水，转身准备出发。这时，三央突然从旁边跑了出来，阿旺嘉措停住了。

"这是玛吉阿米让我交给你的，她说，路虽不同，情可在，

第四章
达赖君临

你看着格桑花在西藏的疆域年年开，一如她在你身旁。记住她，她便已觉得荣幸至极。"说完，他把一株紫色的格桑花交给了阿旺嘉措。

阿旺嘉措小心翼翼地收了起来。

"你要保重自己，我答应过你阿妈要好好照顾你，现在你走了，我也照顾不到你了。不过，你此去必是荣耀之途，要好好珍惜。"三央无限伤感地说道。

阿旺嘉措站在贡巴寺的路口，晨曦读不出他的哀痛，唯有漂泊的风才懂。离别的伤是那样浓，直渗入骨髓。

八月的末尾，炎热依旧。

阿旺嘉措只能听到风声、雨声、马蹄声，这些声音成为路上唯一的记忆，嘈杂而深刻。赶路的时候，他从未像现在这样嗜睡，甚至有一天只醒来了两次，那还是傍晚昏黄的光将他唤醒的。醒着的时候他经常拿着铜铃，轻轻地摇着，铜铃断断续续地发出清脆的声响。

阿旺嘉措安慰着自己，就快到了。

到达浪卡子的那天，下了一场雨。雨水不断地落进羊卓雍湖中，青蓝色的湖水像跳起了欢快的舞。天地间架起了一道水幕，远方如黛的青山只微露着头。湖边的格桑花经不住风，败落了许多，剩下的一些仍旧鲜艳。阿旺嘉措忽然想起了玛吉阿米送他的格桑花，此花年年有，只是，情却已成了无望的等待。

阿旺嘉措是第一个到达浪卡子的，先到了，就开始等着后面的人。

羊卓雍湖一直在等着阿旺嘉措。阿旺嘉措在几次央求后终于获准走出寺院，但是身后会一直有侍从跟随。他已经顾不上许多，他的眼里只有蔚蓝的湖，那是天的影子。

次旦阿爸说过，如果思念一个人太深，那么湖水便会知晓你的心事，你会在不经意间看见远方的她。

阿旺嘉措来到湖边，他蹲下身子，长久地望着湖面。微风吹过，水波层层荡漾开来。阿旺嘉措站了起来，视线变得模糊了……

第巴桑杰嘉措是在五世班禅之后来到浪卡子的，两人进行了短暂的商议后，决定让十四岁⑦的阿旺嘉措坐床。

阿旺嘉措被侍从唤醒后便开始沐浴更衣，水是试了又试的，衣服则是用檀香熏过了，隆重而华丽。

阿旺嘉措进入大殿时，有两个人一直朝他微笑，他亦颔首微笑回应。

他并不知道，眼前的两个人正是五世班禅与第巴桑杰嘉措。

桑杰嘉措向前迈了一步。在政坛历练多年，他的目光如炬，心思缜密。已经四十四岁的他，脸上写满了沧桑。阿旺嘉措恭敬地弯下腰，准备问好。桑杰嘉措却赶忙扶起他，说："使不得。"阿旺嘉措诧异地望着桑杰嘉措。

桑杰嘉措的眼神如夏日里温暖的阳光。

"您是五世达赖的转世尊身，六世达赖。"桑杰嘉措谦卑地说道。

这话语是柔和的，然而在阿旺嘉措听来却有如晴天霹雳，他的整个头颅、心房都在剧烈地震颤。

他一直愣着，这时从人群中射来一束强光，那光晃了一下他的眼，他盲了。整个世界天旋地转，一切都颠倒了。

第巴桑杰嘉措托起五彩的哈达献给了阿旺嘉措，行了参拜礼。其他人也陆续行了参拜礼。

阿旺嘉措配合着他们做着一切，灵魂已经飘远。

他想到家乡那头脖颈长着白毛的牦牛；想到阿妈做的糌粑；想到阿爸离世前对他说，你要如同雄鹰般飞翔；想到他和三央的

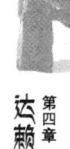

第四章

达赖君临

对话，我们要做一辈子朋友；想到美丽的玛吉阿米……

他所想念的，他所珍惜的，此时此景，恍如隔世。

康熙三十六年（藏历火牛年）九月初七，五世班禅为阿旺嘉措授沙弥戒⑧。阿旺嘉措拿着五世的铜铃，摁着铃心，不让它发出声响。光滑的铜铃倒映着大殿里如繁星般璀璨的酥油灯。

五世班禅从外面进入大殿，阿旺嘉措忙把铜铃放在了桌上。

五世班禅和他在大殿里行了师生礼。准备给阿旺嘉措剃发的僧人端来了黄绸衬底的盘，上面搁着一把剪刀，僧人刚举起剪刀就被班禅一把接了过去。

他慈爱地笑道："还是我亲自来吧。"

黑发如断绸，从头顶飘落。周围一片寂静，只剩下剪刀的声响。此时的阿旺嘉措知道，他已经正式踏入佛门，奉浮屠为圭臬了。

五世班禅剪完了发，将第巴桑杰嘉措特意从大昭寺带来的《显宗龙喜立邦经》摆在了他面前，低声说道："磕个头吧。"

阿旺嘉措跪下，头重重地磕在了青石板上。

五世班禅扶起他，说道："普慧·罗布藏·仁青·仓央嘉措便是你的法名了。"

他站起身，窗外有渺小如粟的鹰飞过，他转头看着威严的佛像，心逐渐定了下来。五世班禅翻开经卷，古旧的纸张沙沙作响，如同风吹过白桦林。他匆匆看了一眼，然后对仓央嘉措说道："让我们把沙弥戒的仪式举行完吧。"

五世班禅的话在大殿中朗朗响起。

不偷盗、不杀生、不谎骗、不奸淫……

仓央嘉措敬畏地听着三十六条沙弥戒律。

宣誓过后，五世班禅继续念道："遵守经上规定的一切律条，为众生之事，竭力而为。"顿了一下又说，"请复诵吧。"

仓央嘉措复诵了一遍。

五世班禅问道："你可还有想说的？"

仓央嘉措望向大殿里凶悍的护法金刚，金刚是跪着的，这样的仰视让他感受到了佛的无比威严。他心中浮现出了几句诗，于是念道：

十地庄严住法王，誓言诃护有金刚，
神通大力知无敌，尽逐魔军去八荒。

五世班禅点了点头，满意地笑了。

仓央嘉措以自己的名义向五世班禅赠送了纯金的曼扎盘，上面放着一尊佛像、一部佛经和一尊佛塔，分别代表佛的身、口、意；另外还有一钱重的金块十二包、右旋海螺一个、轮子一个，作为受戒的酬谢礼品。这些礼品都是第巴桑杰嘉措提前为他准备好的。

仪式结束后，仓央嘉措回到了卧房。他忽然想起铜铃落在了大殿，于是疾步走了回去。大殿里已空无一人，铜铃一直安静地立在桌上，他像往常一样拿了起来，然而金属冰冷坚硬的触感顺着指尖迅速蔓延，仓央嘉措微微一震。

第巴桑杰嘉措回到拉萨后，正式向整个西藏及蒙古各部发布了文告：

伟大的第五世达赖喇嘛已于水狗年圆寂，遵从他的遗嘱，暂不发丧。现今他的转世尊身已从班禅受戒，并得到了大皇帝的恩准。兹定于十月二十五日在布达拉宫

司西平措殿堂中举行坐床典礼，赐福众生。望周知，允四方欢腾。

文告像是无边黑暗中的星火，照亮了芸芸众生的心。

文告贴出后，接连三天，整座拉萨城夜夜通明，家家的酥油灯都燃到了天明。街头三三两两的人只要聚在一起，肯定是谈论仓央嘉措坐床的事情。蒙古各部得到消息后，虽然气愤但也还是送来了很多奇珍异宝。

十月二十五日，是宗喀巴的忌日，也是燃灯节。

灯都是提前拿到屋顶上的，等到十月二十五日才点燃。

仓央嘉措的黄色法衣被小喇嘛用檀香细细地熏染了三遍，这衣服不敢熏染过度，要用小火点燃檀香，距离也不能太近，要从一缕缕的细烟中穿过。这是个需要耐心的活儿，小喇嘛幸福而又胆战心惊地熏着法衣，这对他来说简直是莫大的荣幸。法衣熏好后，他又去叫仓央嘉措沐浴，服侍他穿上。

他们是在清晨时进入拉萨城的，天光微亮，远处的青山还只是一个轮廓。

仓央嘉措坐在八抬大轿上，轿夫们兴奋地颠簸着。他向外看去，沉默的拉萨城渐渐热闹起来，屋顶微弱的灯火先是一只只被挑亮，然后如风助般成片地燃烧起来。天光被压了下去，仓央嘉措眼里的拉萨城已经灿若星河。

待所有的酥油灯都点燃后，一声鼓响，如百鸟争鸣一般，螺、号、鼓全部喧嚣起来，一声声汇合成莽撞的河流，冲过拉萨的大街小巷。乐声就这样被传递着，满怀喜悦。

风也来了，所有屋顶挂着的经幡都飞舞起来。天光更亮了，压过了星斗，将燃着的酥油灯化作星星点点的珍珠缀在了城中。此时，仓央嘉措才看清了那如云一般的人群，他们虔诚地伏在地上，不论贵贱，不论男女老幼，都纷纷低下了头，齐声祷告。嗡嗡作响的人声，硬生生地把仓央嘉措拖入到了一个梦境中。

梦境是属于光与赞美的。

仓央嘉措被恭敬地迎入了布达拉宫第四层的司西平措殿，他端坐在无畏狮子大宝座上。太阳从门前升起，他手里攥着的铜铃迎着明亮的晨光逐渐变得灼热、耀眼。

他缓缓地闭上了眼睛。此刻，还有谁能唤醒他呢？脚下虔诚的朝拜声已经如雷鸣般洪亮。

注释：

①厄鲁特：清代对西部蒙古各部的总称。

②宗喀巴：黄教的创始人。

③西藏人认为，人的肩上有两盏生命之灯，不能驮物，所以三央用手搭成阶梯，让玛吉阿米踩上去。

④宗本：地方行政官员职务，相当于县长。

⑤达赖汗：清代爵位最高的五位蒙古王公之一。

⑥东、西日光殿：达赖的寝宫。

⑦此时的仓央嘉措还差四个月满十五岁。

⑧沙弥戒：沙弥戒又称格楚戒，受了沙弥戒就算出家为僧了。

第四章
达赖君临

第五章
故里故人

康熙三十七年（公元1698年）二月二十五日，月亮一如十六年前一样圆，故事却永远成了故事。第巴桑杰嘉措望着眼前的酥油灯，陷入了深深的回忆。

五世达赖喇嘛罗桑嘉措已经逝世十六年了。今天，桑杰嘉措正式将他的遗体放进了灵塔，之后连续十天的祈祷法会也是他的提议。祈祷法会结束时，民众组织了一次盛大的游行，第巴桑杰嘉措还为此特地发了文告，贴在布达拉宫的墙上，红纸黑字，十分醒目。此后，每年的这个时候都会举办一次游行，是为传小召。传大召是由宗喀巴创立的，最初是在明朝永乐七年（公元1409年），它比传小召要隆重得多，要从正月十五开始一直持续二十一天才算结束。

这是回忆的一夜。桑杰嘉措走出了卧房，行至日光宝殿时，有一束橙色的光从大殿泻出，瞬间又被黑夜吞没。

桑杰嘉措无奈却又欣慰地笑了。

纵使外界风起云涌，他也会为年少的仓央嘉措在布达拉宫里谋得一片宁静。

不知从什么时候起，仓央嘉措开始喜欢站在南墙的落地窗前向外眺望。拉萨城里精致的房屋，来来往往的行人，没入天际的炊烟，一切在他看来都是那么温馨、美好，然而这一切和他无关。他被供养在金碧辉煌的殿堂，拥有万千民众的尊崇与爱戴，他似乎什么都有了。

时光像蝼蚁一样，缓慢而单调地爬着。仓央嘉措坐床四个月了，每当回忆起来，他都觉得像做了一场梦。第巴桑杰嘉措从繁忙的政务中抽空做了他的老师，还有几名高僧日日为他讲经。

第巴桑杰嘉措因为心急，经常会给仓央嘉措灌输大量经文，原本精妙的佛理因为连篇累牍而丧失了美感，仓央嘉措只觉得味如嚼蜡。之后，拉萨城里热闹而新奇的大小召会，他也未能参加，因为他还未受格隆戒①，资历尚浅，三大寺的堪布都没有邀请他。

单调的生活就这样一日日地过着，仓央嘉措有时只能靠回忆打发无聊的时光。

他想起与玛吉阿米一同骑马的日子，那是三央借来的两匹马。春天里，暖风拂面，芳草沁心，两人骑着马一路从措那宗出来，在风里笑，在草原上奔驰。他是一定要跑到玛吉阿米前面的，因为只有他在前面时，才能回头望见那张可人的脸。两个人谁也不甘示弱，比了起来。谁的马跑在了前面，一定要回头望着、等着，就像一出戏，重逢，离别，重逢，离别，每一次离别都要加速奔向对方，然后再次离别。

今天，第巴桑杰嘉措没有来，经师来叫仓央嘉措去学经。

"佛爷，时辰差不多了，您该学经了。"经师恭敬地说。

他转身，看见几只棕色的雀儿从窗前飞过，他的心哀伤不已。

仓央嘉措望着眼前精美的唐卡，忽然感觉日光殿里有些阴冷。他不想走动，怔怔地让冷浸染着他。他并不知道，就在几个月前，这里曾有一个人比他此刻的哀伤要浓重更多，或者说，是生不如死。

斯伦多吉那时就端坐着，不敢动，他甚至感觉呼吸稍微重一些，五世的身影就会跑出来。酥油灯的火苗摇摇晃晃，占据了他的全部视野。虽然是夏季，他却感觉到了刺骨的寒意，背后的冷汗结成了冰滴。

第巴桑杰嘉措走到他身旁，伸手把酥油灯掐灭了，他如梦方醒，怔怔地看着桑杰嘉措。

桑杰嘉措愠怒地说道："天都亮了，你还点着灯？"

斯伦多吉眼神木然，这样假扮五世的日子已经让他快要崩溃了。

桑杰嘉措继续说道："六世灵童即将受戒，我要和班禅赶过去，用不了多久，这里就要恭迎六世达赖了。"

斯伦多吉的身体一下子松了下来，他声泪俱下："我终于得救了，请您留下我吧，我要在布达拉宫等候六世的莅临，我要向他赎罪，我要恳求他的谅解……"

桑杰嘉措同情地看着他，叹了口气："辛苦你了。"

晨光从窗外照进来，将两个人的身体拉长，汇成一片阴沉的暗影。他们都知道，只要太阳在，阴影总有一天会退却的。

官场有时比战场更为恐怖。战场上只论成败，讲求刀光剑影的拼杀；官场上却不只是成败，因为个中高下难以界定，或者牺牲最重要的人换来短暂的宁静，或者为了某个人而失掉整片江山，都不足为奇。

第巴桑杰嘉措婉拒了仓央嘉措插手政治的请求。对于现在的仓央嘉措来说，他太年轻，容易犯错，况且现在西藏正与蒙古、朝廷两方周旋，战战兢兢，如履薄冰，一个不经意的错误，都可能导致万劫不复。六世是不能参与这些的。

第巴桑杰嘉措在仓央嘉措坐床后与他进行了一次长谈，他像师长一样语重心长地告诉仓央嘉措，要安心学习，政务暂时交给自己打理，等将来他学有所成了自然会移交给他。仓央嘉措无从辩驳，又一想，在这茫茫西藏，纵使大权在握，又能如何呢？倒不如落个清闲，天天读读经也是好的。

时光如流水。仓央嘉措开始慢慢地适应现在的生活，只是时常还会感觉到孤单。有时，他想提笔写几句诗，却已不知从哪里下笔。岁月如梭，白云苍狗，周围愈发让人觉得陌生。

他又一次踱到了窗边，一位美丽的女子背着水缓缓走过，翩若惊鸿，外面的世界是那样美好。

记忆仿佛设定了密码，一旦时间、情景都对上了，它便会如蚌壳一般张开，里面的各色记忆像珍珠一样闪闪发光。

仓央嘉措自言自语道：玛吉阿米，玛吉阿米，你还好吗？

日光闪耀，如此的繁华不会懂得落寞之人。

仓央嘉措回到日光殿，提起了笔：

拉萨游女漫如云，琼结佳人独秀群，
我向此中求伴侣，最先属意便为君。

仓央嘉措写完，默念了两遍。

门口徘徊着一个和他同样落寞的身影，仓央嘉措叫住了他。那是个老喇嘛，脸上诚惶诚恐。仓央嘉措和蔼地说了一声："进来吧。"

老喇嘛喜出望外，向上摊开手掌，弯着腰进到门内，朝仓央嘉措无比虔诚地磕了一个响头。

"没关系，以后我这里你们可以随便来。"仓央嘉措示意他坐下。

老喇嘛感激涕零，大着胆子望了仓央嘉措一眼。他实在太激动了，说出的话颤颤巍巍，"达赖佛……您……"一句话没说完，已经慌得不知该如何再往下说了。

仓央嘉措疑惑地看着他："你来我这儿，有事尽管说，不必惧怕。"

老喇嘛又跪下磕了几个响头，这才断断续续地说道："达赖佛，我斗胆过来请罪。我是斯伦多吉，本来在布达拉宫当差，因为贪心，拿了几个钱，损了佛行。"

仓央嘉措看着他，心想：这也不是什么要紧的事情。紧皱的眉头便舒展了开来。

斯伦多吉又跪下磕了几个头，由于接连行大礼，额上已经一片青紫。仓央嘉措看不下去了，怜悯地说道："不必再磕了。"

斯伦多吉抬起头，一边抽泣一边说道："五世圆寂的时候，第巴考虑到整个西藏的安危秘而不宣，这您是知道的，在这期间一直对外宣称五世贵体欠安，但总还是要出席些大场面的，像大召会，众人见不到达赖佛是要起疑心的。第巴便让我假扮五世，我穿着五世的金黄法衣，坐在大轿上，参加各种活动，就这样，装了十年有余。我是度日如年啊，我背负的罪孽太过深重，我是亵渎了伟大的五世啊。我常在梦中看见他冷冷地看着我，他一定是责怪我的。当我知道您诞生了，您莅临布达拉宫，我是何等的欣喜啊，我央求第巴让我留下，就是为了能见您一面，好亲自向您请罪……"

斯伦多吉说完，脸上一片惨白。他在等着仓央嘉措的审判。

仓央嘉措如同当头挨了一棒，震惊不已。他抬头望望四周，

竟好像有一头狰狞的巨兽嘶吼着要向他扑来。他猛地摇了摇头，回身看了一眼桌上的宣纸，上面还工整地写着他的诗歌。

他吁了一口气，觉得自己有些好笑。

两个人就这样无声地对立着，一个内心平复，一个是惊涛骇浪。

斯伦多吉用几乎绝望的眼神望着仓央嘉措，仓央嘉措半晌才回过神来，叹息道："起来吧！"

"您能宽恕我吗？"

仓央嘉措看着这个已经被愧疚折磨得骨瘦如柴的老人，认真地点了点头。

斯伦多吉又磕了几个头，爬过去吻了吻仓央嘉措的靴子，然后起身准备退出去，却因为长时间下跪，头晕目眩，刚一站起来就又跌倒了。

仓央嘉措从座位上走下来，像一个邻家的孩子一样伸手去扶斯伦多吉。

斯伦多吉慌忙避开了仓央嘉措的手，涕泪交加地说道："佛爷，我这卑贱之身会脏了您的贵体。"

仓央嘉措收回了手，心里很不是滋味，他又问道："你还有什么要求？"

斯伦多吉的眼睛里闪过一丝光芒，他恳求地看着仓央嘉措，说道："佛爷，第巴让我到深山密洞去修行。我，早该走了。只求在走之前，您能……替我……摸顶……我就此生无憾了。"

仓央嘉措心里感慨万端，斯伦多吉虽然有罪，但也是为了整个西藏，他伸出了手，摸了他的头顶，然后伤感地说："去吧。"

斯伦多吉弓着腰，退了出去，脚步声渐渐消失。下一个瞬间，日光殿里静得让人想流泪。

邬坚林。春末的雨水骤增，预示着繁茂的夏季即将到来。

第一个知晓阿旺嘉措就是达赖喇嘛的人，是一个来拉萨贩盐巴的小贩。仓央嘉措坐床那天，他远远地从八抬大轿里瞥见了仓央嘉措的脸，看着是那么熟悉，他奋力挤过人群到了最前面，然后和其他人一样，跪下来请达赖佛祈福。仓央嘉措的轿子从他眼前掠过的一刹那，他终于看清了，那就是阿旺嘉措。他大胆的猜想得到了印证，他先是呆若木鸡，随后兴奋得几乎失语。仓央嘉措的轿子已经过去很久了，他还站在原地发呆，魔怔般地呓语着一句话：阿旺嘉措就是达赖佛，达赖佛就是阿旺嘉措……

消息传到邬坚林，所有的人都震惊了，一如阿旺嘉措出生时那样，人们又开始聚集在街头议论。

有人说，仓央嘉措年幼时说过，我要到拉萨去，有人会欢迎我。

有人说，五世达赖对这位转世真身曾有过"埋名隐姓为众生，须得守密十二年"的授记。

……

不过，传言终究是传言，那位读出了深奥卜文的密宗大师早已经踪迹全无了。

斯伦多吉走后，仓央嘉措的生活变得更加平淡了。这样整日沉浸在经书里的日子，让他十分厌倦。桑杰嘉措不来时，他便不读书，然后在布达拉宫里到处走，身后跟着苦苦哀求的经师。

经师总是要说到快掉泪了，并拿出第巴要责怪的话才能稍稍起些作用。

重复、毫无生气的日子，让他想起了斯伦多吉说的"度日如年"，不同的是，自己的日子一旦过去，再回首时已毫无印象。

第巴桑杰嘉措在教完佛经后，一般都要照例问一句："佛爷，您还有什么想问的吗？"

要是平常，仓央嘉措都是摇摇头，便让桑杰嘉措回去了。

故里故人 第五章

这次，仓央嘉措留住了他。

"听说你在有风的日子也能射箭，射中靶心。蒙古骑兵、步兵比武时也没人能胜得过你的箭法。"仓央嘉措问道。

"贵族们自小都在射箭，当作游戏罢了，我也只是熟能生巧而已。"桑杰嘉措谦虚地回答道。

"那一定很好玩吧？"仓央嘉措继续问道。

"也许吧，至少活动下筋骨是好的。"桑杰嘉措回答道。

仓央嘉措暗自庆幸，桑杰嘉措的话正合他意，他于是说道："第巴，我整日坐在这里，是会生病的，布达拉宫的后面不是有个园林吗？我为什么不可以去那里射箭呢？"

桑杰嘉措弯下了腰："佛爷说的是。"

仓央嘉措提到的园林不久前还是一片荒滩，由于修建布达拉宫，这里经年累月地挖土，形成了大坑，地下的泉水与天上的降水蓄积久了，成了一泊湖水。桑杰嘉措让人在四周种了些杨柳作为点缀，春夏之际，湖水映着青翠的树林，一片鸟语花香。到了秋天，叶子禁不住风寒，纷纷坠落，铺了一地，仿佛浓重的晚霞。湖中也会漂着几片落叶，鱼儿唼喋，乐在其中。秋再深些，初雪刚过，杨柳穿上了银装，湖水也结了冰，远看一片墨黑。白与黑交相辉映，如梦似幻，宛若仙境。

仓央嘉措一直想来的，就是这里。随从的喇嘛为了让他开心，还给他讲了有关湖水的传说。

据说远古的时候，因为要修建桑耶寺、直贡寺，众僧便去拉萨以东的密林伐木，不想此举惊动了一直栖息在那里的龙女，她非常生气，赶走了众僧。莲花生大师知道后，便去降服龙女。龙女受莲花生大师点化信了佛法，并用神通帮助修建了桑耶寺、直贡寺，为弘扬佛法做了贡献。大昭寺建成后，龙女常常化成人形前去朝拜。偶然间，五世在破晓的晨光中看见了蜷缩在树上的龙女，知道她无处安身，便命人在布达拉宫后面的潭中修建了庙宇。

庙宇修好后，就叫作龙王潭。

从此，仓央嘉措每当学经累了，就和盖丹一起到龙王潭射箭。

这一天，仓央嘉措再次外出射箭。他走在湖边，望着湖水中倒映出的自己，身影消瘦、精神不振，正在感叹时，盖丹过来通报："佛爷，靶子支好了。"

仓央嘉措举起了弓，用力撑了撑。弓是用南方的竹子做的，又称南弓，韧性很好。他从箭壶中抽出一支箭，搭好，射出。箭是响箭，铁镞是一个带风眼的小葫芦头，射出去后，一路上会发出悦耳的声响。

射了两箭后，开始起风，仓央嘉措技艺不精，只好收了弓靶离开了。

风更大了，在那个阳光明媚的下午，云朵被彻底挤出了天空，只剩下一片醉人的蓝。风是看不见的，但即便你躲藏起来它也会告诉你它的存在，它会呜咽着从窗户挤进来，凄清的声音里仿佛写满了一个个遥远而深情的故事。

仓央嘉措听着风声，想着又是一年要过去了，感慨万端：

转眼荣枯便不同，昔日芳草化飞蓬，
饶君老去形骸在，变似南方竹节弓。

笔落，风止。日光殿外传来盖丹的声音。仓央嘉措没有抬头："进来吧。"盖丹弯着身子侍立在一旁："门外有位年轻人求见，非要请您摸顶祝福，我拦不住。"

仓央嘉措一听来了兴致，站起来随盖丹走出了日光殿。

那年轻人一直伏在地上，不敢起身。他恭敬地说道："我从措那宗来，行了千余里，只为佛爷能摸顶祝福，了我余愿。"

仓央嘉措一听他是从措那宗来的，心中倍感亲切，便毫不犹豫地伸出了手。

"起来吧。"仓央嘉措说道。他很想跟这位来自家乡的人聊聊天，宫中枯燥的生活已经让他快窒息了。

那年轻人抬起了头，一张熟悉的脸，仓央嘉措先是一惊，然后笑了，那年轻人也一直笑呵呵地望着他，两人几乎同时喊出：

"三央！"

"阿旺嘉措！"

一旁的盖丹有些疑惑，更有些恼怒，这喇嘛怎么能直呼佛爷的名字呢。他皱着眉头想教训一下三央。

仓央嘉措转过头对盖丹说："这是我朋友，我的兄长。"

盖丹立刻知趣地低下了头，然后开始吩咐侍从献茶、端水、焚香、摆食品，忙得不亦乐乎。

仓央嘉措笑着对三央说："请坐吧。"

三央有些窘迫地坐了下来，开始四处打量。

这是他第一次来到布达拉宫，第一次看见这样金碧辉煌的大殿，眼前的桌椅、佛龛，每一样物品都是光彩夺目的。置身这样的环境，三央一时有些茫然。

他转过头，定睛看了看仓央嘉措，这身着华丽袈裟的达赖喇嘛还是当初那个跟他一起放牛的阿旺嘉措吗？

仓央嘉措看出了三央的拘谨，笑着说道："难道非要我脱掉这身袈裟，你才把我当朋友？"

三央不好意思地笑了。

仓央嘉措指了指桌上的食物，说道："你一路赶来，饿坏了吧？"

三央望着那些美食，摇了摇头。

仓央嘉措自己先拿了一块酥油果子，然后把青花瓷盘往三央面前推了推，说："吃吧，吃吧。"

三央小心地拿了一块，轻轻地咀嚼起来。

"我是听故里的人说，说阿旺嘉措成了达赖佛，我这才从邬坚林出来找你的。想不到，你真成了佛爷。"三央咽下一口食物，开始有些激动。

仓央嘉措听到"故里"二字，心中一热，问道："玛吉阿米可好？我一直都出不去……唉……你也是知道的……"

三央正吃着，突然停了下来。

他的眼中流露出悲伤，肩膀开始抖动，含满食物的嘴巴发出低沉的呜呜声。仓央嘉措忐忑不安，他直视着三央，三央满眼泪水，他心里一沉："难道她病了？难道她遇到了困难？……"

三央平复了一下情绪，仍旧不看仓央嘉措的眼睛。

"玛吉阿米嫁人了，你也知道，她已经向宗本和寺庙起誓了。况且她现在无父无母，一直和改桑姨母相依为命，她早点成家，对她和改桑姨母来说都是好事。这事儿，我想她是自愿的。你现在是佛爷，对她来说，难啊！"

仓央嘉措默默地听着，不说一句话。良久，他仰起了头，泪水直直地滑进了脖子。他就一直仰着头，任泪水一滴一滴流下，他很想对三央说些什么，但嘴巴动了动，没有发出任何声音。

风停了，周围又恢复了宁静。

这怕是秋天里的最后一场雨了，天冷得出奇。

仓央嘉措不顾盖丹的苦苦哀求，又去了龙王潭。天是灰色的，水是深蓝色的。他站在高处眺望，湖水也几乎读懂了他，在风雨中战栗。杨柳的叶子已经凋落，只剩下光秃秃的枝干。仓央嘉措走在湖边，任树枝柔软地拂过他的身体。他哭了。

盖丹跟在后面，磕着长头，恳求仓央嘉措回宫。

仓央嘉措在心中悲哀地念道：就让我真实一回吧，做个普通的人，彻底地任性一次。

他每往前走一步，盖丹便在后面磕一个响头，残忍而决绝的声响，如同雨中炸开的雷霆。

仓央嘉措回过头，地上到处是深深浅浅的血痕，他心中不忍，扶起了盖丹："……我们回去吧。"

布达拉宫里的灯火即使充斥每一个角落，也温暖不了仓央嘉措的心。他望着桌上整齐的纸张、孑然的竹笔，忽然想起了写给玛吉阿米的诗。他伸手去摸，曾经写满痴情诗句的纸被雨水浸湿了，墨色已经晕染开来，一首诗就这样散在了雨里。

仓央嘉措走到桌前，上面全都是他写的情诗，不过这些诗已经不可能再寄到她的手里了。

笔起，墨落。

手写瑶笺被雨淋，模糊点画费探寻，
纵然灭却书中字，难灭情人一片心。

缠绵的字句连同稀稀落落的雨水，一同打在了仓央嘉措的心上。思念是如此浓烈，见不到，得不到，却是越发刻骨铭心。

仓央嘉措问自己，玛吉阿米是否也会像他这样苦苦地相思？想到这里，心中又平添一份苦涩，他再次提笔写道：

深怜密爱誓终身，忽抱琵琶向别人，
自理愁肠磨病骨，为卿憔悴欲成尘。

苦与愁，难以遏制，像浓云般挥之不去。仓央嘉措心乱如麻，心尖上一厘一寸都是她的身影。

仓央嘉措自从见到三央后，便让三央在拉萨住了下来。
仓央嘉措再次叮嘱盖丹，三央是他的朋友。

三央再来布达拉宫时，是被恭恭敬敬地迎进来的。他前脚刚到，就立刻有侍从来向仓央嘉措通报。

"佛爷，门外有两个人求见，非要见佛爷，说是佛爷的亲人。"

仓央嘉措眼前一亮，难道是阿妈和卓望达瓦阿叔？他一下子忘了伤痛，高兴地问道："是什么样的两个人？"

侍从恭敬地回道："回佛爷。他们是一男一女，大约五十来岁。男人自称是佛舅，名叫朗宗巴；女人自称是佛姑，非要见您不可。"

仓央嘉措起初喜上眉梢，可是越听越糊涂，他除了阿妈、阿爸和卓望达瓦阿叔外，好像并没有什么亲人了，况且阿爸、阿妈也从未提起过他有什么舅父、姑母。

仓央嘉措转头看向三央："我可曾有姑姑、舅舅？"

三央摇摇头肯定地说道："自我记事起，从来没有听说过。"

仓央嘉措怕是来讹人的，有些恼怒地对侍从说道："传话下去，我从来没有什么舅父或者姑母。将他们赶走吧。"

侍从见佛爷发怒，涨红了脸退了下去。

仓央嘉措又嘱咐了一句："让他们走开就行了，不要打骂。"

"是，佛爷。"侍从应了一声，出去了。

这件事情虽然不大，却也惹起了仓央嘉措的思乡之情。他沉思着，又想起了阿妈，不知她现在是否还好，做的糌粑是否还是那么香甜……

三央似乎也被触动了，侍从退下后，他也低头不语。

仓央嘉措问道："我阿妈和卓望达瓦阿叔可好？我离家都这么久了，往日想问些消息，喇嘛们都搪塞我，你学经的日子已满，应该回去看望他们了吧？"

三央还是低着头，仿佛没有听见。

仓央嘉措沉默着，望着三央，三央始终不肯看他。仓央嘉措有些眩晕，前几日玛吉阿米的事情再次浮现，他宽慰着自己：不会的，不会的，阿妈，阿叔的人那么好，不会的。

他又缓缓地问了一遍。

三央再抬起头时，已经泪流满面。

"佛母，因为太思念你——你这一去就是好几年啊，家乡只剩下她一人——落下了病。我阿爸背着她去看了喇嘛，喇嘛说这是心病，治不了的。佛母想来看你，可在你坐床之前，你的一切都是保密的，想见也见不到。佛母曾经来过措那宗一次，只跟经师谈了会儿话就走了，谁想那就是最后一面。回到邬坚林后没多久，佛母便去世了。"

仓央嘉措的脸上没有表情。他始终是平静的，只是眼里的光渐渐暗了下去。他一直端坐着，泥塑木雕一般。

年幼时离家的场景，再次浮现。

阿妈站在邬坚林寺下，逆着光问他，你想去学经吗？

阿妈在夜里轻轻抚摸着他的脊背，给他讲格萨尔王的故事。

阿妈不舍地把他送出家门。

……

那时，他还年幼，懵懵懂懂，现在都明白了，却已经太晚了。时间是一剂伪劣的麻醉药，它总是让某些疼痛后知后觉，而后发的痛又往往比先前的更为猛烈，让人痛彻心扉。

仓央嘉措一直不说话，也没有再问任何关于阿妈的事。

三央低下头，呜呜地哭了，泪水打湿了脚下精美的氆氇毯。

"我阿爸他，为了寻找丢失的小牛犊，冒着大雪去了草原，一去就再也没有回来。后来村里的人等雪停了出去找，结果在小牛犊旁边找到了他，牛犊早已经死了，阿爸也再没能醒过来。我回家时，他已经不在了，是替他做天葬的天葬师讲给我听的。"

三央憋着一口气说完，又呜咽着低下了头，哭声在大殿里久久地回荡。

仓央嘉措抬起头，生硬地挤出一个笑容："三央，你为何总是要告诉我这些呢？"

拉萨很热闹，林卡②嵌在里面像是星星点点的宝石。

三央以佛兄的身份在布达拉宫住下了，仓央嘉措还想帮三央谋个职位，被三央拒绝了。

三央在拉萨城里开了个小店，卖盐巴、酥油及皮靴等杂物。虽然不能大富大贵，但解决温饱已经没有问题。

三央住在拉萨，让仓央嘉措终于有了件值得高兴的事情。

他和三央讲了在布达拉宫里学经的乏味，三央见他日渐憔悴，便提议他化装成俗民到城里去逛逛。

这个想法让仓央嘉措兴奋不已，他向三央要了一件俗衣，迫不及待想立刻就出去。三央细心，还专门给他准备了一顶假发。两个人收拾停当，就出门逛街去了。

拉萨街头有一间茶楼，古旧、破败，连门梁上的经幡都已经斑驳得认不出。街上人来人往，但没人多看它一眼。它就一直清冷地立在那里，经年累月，直到仓央嘉措和三央从它门前走过。

悠扬的琴声从茶楼里传了出来，仓央嘉措猛地停下了脚步，开始仔细聆听。

弹琴的人在一段前奏过后唱起了歌。声音并不优美，但听起来很舒服。

歌词是这样的：
……
邂逅谁家一女郎，玉肌兰气郁芳香，
可怜璀璨松精石，不遇知音在路旁。

心头影事幻重重，化作佳人绝代容，

恰似东山山上月，轻轻走出最高峰。

……

仓央嘉措笑了，三央也摇着头笑了，他们默契地走进了茶楼，他们要听完这首歌。

一曲唱罢，仓央嘉措慷慨地递给歌者一把藏银。歌者受宠若惊，又立刻为他唱了一曲。

仓央嘉措听得兴致勃勃，待琴声一停，马上问道："你可知这歌词是何人所作？"

"不知道，拉萨唱歌的人都这么唱。"

仓央嘉措笑得更开心了，歌者不失时机地恭维道："这歌里唱的爱情真是美啊，让人羡慕。公子一定会像这歌里唱的那样，有位美丽的姑娘。"

仓央嘉措的表情一下子僵住了，扭头看向了窗外。

三央赶紧摆了摆手，示意歌者退下。

仓央嘉措忽然开玩笑似的说道："行人如此之多，美丽的姑娘也多，一定会有一个是属于我的。"

三央拍了拍仓央嘉措的肩，频频点头。

茶楼里的人渐渐多了起来，周围也开始有些喧闹。温暖的阳光照亮了桌椅杯盘，也照亮了这里每一个谈笑风生的人。

注释：

①格隆戒：即比丘戒，一般出家后到二十岁受戒。此戒共二百五十三条。

②林卡：藏语音译，指园林。

第六章

爱若河流

月光幻化成白色的小鬼，从窗外跳跃着到了仁珍旺姆的床上。她裸露的肌肤被月光唤醒，泛着珍珠般的光泽，然而即便有温暖的月光抚慰，她还是陷入了深沉的梦境。梦中，母亲近乎尖叫的声音又一次响起……

她说："你要找个好人家，万不能再看错人。"

她说："男人都是假的，唯有他带的金子、银子才是真的。男人会跑，可金子、银子跑不掉。"

她说："拉萨城这么大，你要多走走，尤其要去林卡、布达拉宫底下，那样遇到富家公子的机会多，即便云雨一场，也能多得几个银子。"

她说："你也是知道的……当初……都是迫不得已……拉巴待你也不薄，你莫要再恨他。"

……

母亲的声音消失了，仁珍旺姆醒了过来。枕头上还残留着昨天某个男人的气息，她把枕头拉过来抱在胸口，用力嗅了嗅，然后毫不犹豫地把它从碉楼上扔了下去。

"嘭"的一声闷响，夜又恢复了沉寂。

仁珍旺姆把手支在窗沿上，探出半个身子，向外面呆呆地看着。梦中母亲的话让她难以释怀，她的泪水一滴一滴地往下淌，从三尺三丈的窗台摔落到地面。

自从和三央出宫逛街后，仓央嘉措就喜欢上了曾一度感觉陌生的拉萨城。过去的拉萨是冰冷的、遥远的，现在，穿上俗装，走在拉萨的街头，和路人颔首微笑，逛林卡，听琴歌，喝青稞酒，生活中的真实、幸福让仓央嘉措很满足。

然而没有不透风的墙，盖丹早已将佛爷私自出宫的事情通报给了第巴。桑杰嘉措碍于仓央嘉措达赖的身份不好直接管教，只是暗暗地担忧。放出的眼线告诉他，佛爷在外面只是逛逛林卡，喝喝酒，没有什么出格的举动。

第巴桑杰嘉措放心了。他知道，这位佛爷还年轻，布达拉宫里的经书是关不住他的。不过这样也好，佛爷散了心，不再过问政事，自己正好可以集中处理一下棘手的公务，尽量扫清障碍，给佛爷留一个太平盛世。

拉萨下雪了。雪花似乎有些不大情愿地从天而降，大地还是暖的，雪一落到地面就化成了水，干燥的大地渐渐湿润。落在枯叶、石台上的雪没有化，成了积雪，让大地呈现出了星星点点的白。

雪掉进尚未结冰的河，水变得更冷了。

"阿妈，天这么冷，我受不了。"仁珍旺姆说道。

"这可是人生的大事啊，必须要洗。"母亲口气严厉。

初雪时很少有风，然而寒意还是阵阵袭来，仁珍旺姆脱下衣服，雪白的肌肤被冻得有些发红。她颤抖着一步步走到冰冷的河水里，河水漫过她的脚踝、膝盖、腰际，刺骨的寒毫无预兆地直侵入骨髓，她剧烈地颤动了几下，然后开始慢慢地擦拭身体，母亲站在岸边一直絮叨着："去了拉巴家，要好好侍奉他，不能马虎。像我们这种农奴能进拉巴大人的家门是多么荣耀的事啊。"

仁珍旺姆洗完了走上岸，母亲站在她身旁。她的心还是冰冷的，然而不是因为河水，而是因为她的母亲。

如果那尺红绫落在了她身上，想来她不至于如此怨恨吧。

那一夜，刮起了大风，夜色分外浓重。她被两个壮汉架着，一路奔向拉巴家。她惶恐不安，心一直剧烈地跳动着。

她是被塞进拉巴的房子里的，里面只点了一盏酥油灯，光线微弱，她看到了一个人影。灯忽然被吹灭了，此后再也没有一丝光亮。无边的黑暗向她袭来，有只气力极大的手突然扣住了她的手腕，她失声尖叫，声音如解冻的河水，巨大而惊恐，又很快消失在黑夜中。

痛，被撕裂开来的痛。这种痛已然将她的青春年华摧毁，纯真自此不在，剩下的只有破损。

天亮后，仁珍旺姆终于看清了那个叫拉巴的男人。她没有哭泣，只是静静地坐在他身边等他醒来。

她恳求地说："请给我一尺红绫吧，让我以为嫁给了你。"

拉巴笑了，笑得轻浮而恣肆。他起身穿好衣服，然后把门狠狠地关上了，轻蔑、粗鲁的举动惊扰了晨光。

四下，再无平静。

第六章 爱若河流

格桑花开了，一眼望不到边。

布达拉宫里是不大容易见到格桑花的，龙王潭因为有专人看管更是很少能见到这种野花。仓央嘉措在龙王潭时会因为偶然见到一朵而高兴很久，他记得玛吉阿米说过，谁要是看见了八瓣的格桑花，就会幸福一辈子。龙王潭的格桑花总共不过十几朵，仓央嘉措决定去碰碰运气。

在墙根的缝隙中，一枝格桑花伸了出来，白色的花瓣缀在黄色的蕊心四周。仓央嘉措数了数，一共八瓣。他开心极了，特意吩咐看管龙王潭的人好生照看。

当仓央嘉措把寻到八瓣格桑花的消息告诉三央时，他的眉宇间还是隐藏着一丝难言的忧伤。

三央看在眼里，脸上露出了笑容。

"你可是想念哪家的姑娘了？"

"拉萨这么大，哪有我的姑娘？"

仓央嘉措话音未落，三央便笑出了声，他伸手指给仓央嘉措看，就在街的正前方，一位背水的姑娘迎面走来，她腼腆地笑着，正像是一朵开在城中的格桑花。

三央指着她说："你瞧，姑娘是美丽的珍宝，你怎么能闭着眼睛去看呢？"

拉萨的风从来都不沉闷，它能带来雨水，也能带来流言。

有些流言成为茶余饭后的传说，有的则成为街头巷尾议论的传奇。不过此二者大都带着遥远缥缈的况味，幸运的是，在此刻的拉萨，有个传说是可以看见的。

那是一位美丽的姑娘，她独自住在碉楼上。她用汉地的香料；她擦秋后的旱獭油；她从不戴珍珠，因为她的皮肤比珍珠还要亮白；她也从不用胭脂，因为她充沛的血气已经将脸颊与双唇衬托得如花朵一般娇艳。男人们都盼望着能看她一眼，而女人们纵然羡慕嫉妒，亦有心多看看她。

这样的女人，有着绝世的芳华却又是浑然天成。

三央是听街口卖青稞酒的阿叔说的。

阿叔呷一口醇厚的酒，话语里带着三分醉意。

你可知，她的眼睛比皓月还明亮。

你可知，她笑起来，是要勾魂的。

你可知，她要是能让你摸一下，那是要成仙的。

……

三央越发对她有了兴趣，便恭维着阿叔多说一些。

阿叔说到后来，言语中却流露出了悲伤。

那样的女子啊，命薄。

她是？

仁珍旺姆。

独倚窗边，窗外已是人声鼎沸。煨桑①烟火繁盛，但与她何干？

泪水早已干涸，仁珍旺姆的生命中就这样硬生生地闯进来一个男人，一个她从未预料过的男人。

初夜之后，拉巴只是在深夜来看她，白天她便被软禁在屋子里。门口的奴仆说了，拉巴是怕她跑了，要关些日子的。

一个月后，那扇古旧、散发着霉味的松木门终于打开了，阳光凶残地撕裂了黑暗，仁珍旺姆不得不举起手来遮蔽刺眼的阳光。

一个人影逆着光向她走来，那影子越来越近，终于像一朵巨大的云般遮住了阳光，仁珍旺姆把手放了下来。

奴仆赶忙走到她身边说："这是土司的大老婆。"

仁珍旺姆还没有看清来人的面目就被狠狠地推搡到了墙角，棍棒没有间隙地落到她的身上，皮肤连同肌肉一起绽开，痛极

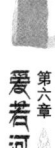

了。她眼中的泪水扑簌簌地落在了地上。

这本来就是深渊，只要跳下去了，必定是万劫不复。

仓央嘉措平日是不去酒馆的，喝多了酒回去难免会被经师责怪，万一碰到第巴就更麻烦了。不过三央说，在拉萨的酒馆里，姑娘就像是水仙花，水灵灵的。仓央嘉措本来没有多大兴趣，但终日读经更是乏味。

他们结伴去了酒馆，姑娘倒是没见到，却发现酒馆里人人都在议论仁珍旺姆。三央本来是要告诉仓央嘉措的，结果给忙忘了，到了酒馆听见众人议论，他这才想起来，赶紧将有关仁珍旺姆的传说眉飞色舞地描述了一遍。

仓央嘉措告诉三央，自己一定要去见见她。

三央满口答应，他把仓央嘉措送回布达拉宫后，便开始四处打听仁珍旺姆的住处。

说起仁珍旺姆的住处，那是极好认的，拉萨城中有幢碉楼，上面挂着一尺显眼的红绫。只要找到碉楼与红绫，那就是了。

富家子弟们常常顺着这尺红绫，在夜深时寻到这里。

三央打听清楚后，回布达拉宫告诉了仓央嘉措。

这一天，风和日丽。仓央嘉措从布达拉宫出来时心情极好，甚至觉得天气乃至花草树木都是如此称心。三央在一旁劝道："仁珍旺姆姑娘白天是不见男人的，您还是不要白跑这一趟了。"

仓央嘉措回头瞪了三央一眼，三央赶紧低下了头。

达赖喇嘛晚上是出不来的，尤其是第巴现在正管着他。

走到那幢挂着一尺红绫的碉楼前，三央知趣地走开了。这可不是三个人的戏，必要你一唱我一和才得韵味。三央心里笑着，他倒要看看仓央嘉措如何在白天见到仁珍旺姆。

仓央嘉措立在碉楼下，二楼的窗是紧闭着的，无论如何也望不到里面。他走过去叩门，动作很轻，生怕吓着了姑娘。

敲了很久，没有人回应。

他站在楼下看着猎猎作响的经幡、迎风招展的红绫，心念涌动，仰着头唱了起来：

> 长干小生最可怜，为立祥幡傍柳边，
> 树底阿哥须护惜，莫教飞石到幡前。

一支歌唱完，还是没有动静。仓央嘉措并不放弃，又唱了一遍，窗子终于吱吱呀呀地开了，一位姑娘倚在窗边，睡眼惺忪，朝下四处张望。

美人如花。仓央嘉措怔住了，然后笑了。仁珍旺姆望着楼下清秀的年轻人，原本冷漠的脸也渐渐温暖起来。

不一会儿，门开了，仓央嘉措径直走了进去，门和窗又立刻关上了。

纵使日光倾城，也难以知晓那碉楼里是何等的好戏。

当最后一根窗棂被仁珍旺姆砸破后，她跳了下来，摔倒在深夜结满露水的青草上。她流下了眼泪，不是因为疼痛，而是因为欣喜。这怕是她最后一次流泪了，自此远走，纵然是刀山火海也不再流一滴泪了。

仁珍旺姆摸索到马厩，骑上一匹壮马，马儿知趣地没有发出任何声响。

那夜没有月亮，仁珍旺姆在黑暗中小心翼翼前行走着。黎明时分，她已经将身后的镇子远远地甩开了。有队商人恰好从她身边经过，她便跟着商队一路到了拉萨。

仁珍旺姆到达拉萨的第一晚睡得很沉，做了很多梦，梦都是关于她和拉巴的。

第六章
爱若河流

她以为，只要驯服一些就能求得照顾；

她以为，只要卑贱一些就能求得安稳；

她以为，只要沉默一些就能求得尊重；

到头来，全部都是她的一厢情愿。她最大的失败是，无数次地给自己希望，然后被现实一次次毁灭。

拉巴，只是爱她的美貌，如同玩偶。

被冷落的大夫人却认为都是她的错，对她恨之入骨。

仁珍旺姆以前是那么不屑甚至怨恨母亲的举动，可最后还是信了母亲的话。不过，母亲的话只说对了一半，她是要金银，可她得了金银却不会对男人心存感激。

母亲，错了。

灯灭了，被仁珍旺姆轻轻一吹就灭了。

黑暗中，她伸手去摸仓央嘉措的脸，当她的指尖碰到他的时候，仓央嘉措微微一震，她立刻把手缩回去了。

窗户打开，已是夕阳西下。

仓央嘉措开始懊悔，他竟然什么都没问就要走了。

倒是仁珍旺姆先开了口："你真怪，要是别人都耐不住性子，你一句话都不说，尽顾着在火光下看我。"

仓央嘉措还是不说话，只是尴尬地笑了笑。

仁珍旺姆接着说道："那得给我些礼物的，我留了你，还给你倒了酥油茶。"

仓央嘉措一惊，心想这女人还真是直率。他伸手从衣袋里掏出了一颗松绿石放在桌子上，转身就要离开。

仁珍旺姆看了一眼松绿石，问道："你叫什么名字？"

仓央嘉措迟疑了一下，随口答道："宕桑汪波。"

仁珍旺姆在后面应了一声，又报以甜蜜的一笑。

仓央嘉措返回了布达拉宫。他本以为那只是一个美丽的姑娘，如同拉萨街头的那些姑娘一样，别无其他。可当他举起一本经书，上面的字字句句却都变成了她。他又去了大殿，看着五世的尊像念经，然而念了两句就又放弃了，那姑娘就像空气和阳光般出现在他身边的每个角落，仿佛已经刻在了他的生命中。

仓央嘉措回到卧房，写下了一首诗：

入定修观法眼开，启求三宝降灵台，
观中诸圣何曾见，不请情人却自来。

墨汁渐渐凝固，仓央嘉措感觉心底坚硬的岩石在慢慢崩裂，化成肥沃的土壤。他知道，只要那位姑娘住进他的心里，那么这片土壤便会开成绚烂的花海。

拉萨与布达拉宫之间还有一段距离，沿途没有房舍。仓央嘉措一路走一路思忖，仁珍旺姆为何不像别的姑娘那么腼腆？她为何不躲避他的视线呢？

仓央嘉措接连问了自己几个问题后，忽然停下了脚步，开心地笑了。

这一切再简单不过，她喜欢他。

仓央嘉措再次来到碉楼时，门竟然是开着的，连窗户也是开着的。姑娘站在门口迎着他笑，还特意打扮了一番，发髻梳得很顺帖，辫子编得整整齐齐。

仓央嘉措虽然已经从三央那里知道了她的名字，却还是忍不住问道："你可是仁珍旺姆？"

仁珍旺姆低着头笑了。

"你都来过一次了，还盯着人家看了那么久，这才想起我的名字，是啊，我是仁珍旺姆。"

仓央嘉措望着她，心里越发欢喜了。

第六章 爱若河流

仁珍旺姆走过来，摊开手掌，自语道："见面礼呢？进了房门可是要见面礼的。"

这原本贪婪的话从美丽的仁珍旺姆口中说出来只让人觉得有趣，她的语气不是刻薄、逼迫的，就像是在开玩笑，或者撒娇的小孩一样，仅仅只是为了要一颗糖。

仓央嘉措在来的路上恰好遇到一个卖银饰的老妇人，他看了她的银饰，做工很粗糙，不适合年轻人戴，尤其是仁珍旺姆。正想离开时，老妇人却拉住了他，开始哭诉，说这些银饰本是她年轻时戴过的，现在因为儿子得了重病不得不拿出来卖，希望能赚些钱给儿子治病，谁想一个也没卖出去。仓央嘉措听到这儿，想到了去世的阿妈，心里有些难受，便随便拿了一对银镯，多付了许多银子。

仓央嘉措从怀里拿出那对笨拙的银镯，递给了仁珍旺姆。

仁珍旺姆看了一眼便收了起来，然后把仓央嘉措引进了里屋。她问仓央嘉措："你会下棋吗？"

仓央嘉措点点头："学过一些，但棋艺不精。"

仁珍旺姆听了便拿出棋盘，摆了起来。

仓央嘉措先走了一步，仁珍旺姆则久久不动，他笑了起来："你怎么不下？是不是一定要考虑周全，步步为营，把我打败？"

仁珍旺姆摇摇头，叹了口气："其实，我不会下棋，我就是想看看你会不会。"

仓央嘉措一时语塞，这个回答让他很意外。对面的仁珍旺姆这时咯咯地笑了起来，仓央嘉措也被她感染，笑了起来。

仁珍旺姆收了棋盘，摆上了酒和肉。

那是极醇厚的青稞酒，仓央嘉措喝了两杯，想起了一首诗：

莫道无情渡口舟，舟中木马解回头，

不知负义儿家婿，尚解回头一顾不。

仁珍旺姆不解，忽闪着大眼睛望着他，见他眼里泛着泪光，心想：这痴情的郎，不会是想到哪家姑娘了吧，可他为何又到我这儿来？

她叹了口气，对仓央嘉措的诗歌不置可否。她起身拿来一把小弓，搭着与之相配的小箭，她一松手，一支箭便射到了仓央嘉措的胸口，因为箭很小，而且箭镞是钝头，仓央嘉措只是感觉胸口微微一疼。他抬起头，只见仁珍旺姆正要射来第二箭，他笑了。

"你若是不喜欢我，便一箭杀了我吧。"仓央嘉措和仁珍旺姆也开起了玩笑。

仁珍旺姆并不理会，径自取来十个苹果，五个一组，分成了两组，分别放在了远处的桌子上。她转过身对仓央嘉措说："我们来比赛射箭。如果你把这五个苹果都射中，那就告诉我你是哪家的公子；如果我把这五个苹果都射中，你就留下来过夜。"

仓央嘉措笑着点了点头，两人便把小弓箭都举了起来。

只是一眨眼的工夫，两人就都把苹果射完了，没有分出胜负。

月亮再次爬上枝头，酒已经是最后一杯了，仁珍旺姆借着醉意依偎到仓央嘉措身边，仓央嘉措往旁边移了移。

仁珍旺姆又依了过去，仓央嘉措又移开了。

仁珍旺姆娇嗔地骂道："你不是已经答应我留下过夜了吗？怎么出尔反尔？难道是嫌弃我？你要知道，我若是站在门口，整个拉萨的男人都要来排队的，即便你是要去当喇嘛的……"

仁珍旺姆说完，忍不住一下子笑了起来。

她笑完又接着说道："你不知道，连达赖喇嘛都是亲近女

第六章
爱若河流

099

人的。"

仓央嘉措吓了一跳，仁珍旺姆不看他，继续说道："五世达赖在顺治九年（公元1652年）进京的前几天，从哲蚌寺到色拉寺去，途经大贵族仲麦巴的府邸时，落脚安歇。那时天寒地冻，屋里的炭火整夜不熄，为了给达赖驱寒，仲麦巴特意让他的主妇侍寝，第二年这个主妇生了个儿子，这个男孩就是当今的第巴桑杰嘉措。"

仁珍旺姆终于依偎到了仓央嘉措的怀里，她从仓央嘉措身上闻到了淡淡的檀香味，她喘着粗气望着仓央嘉措。

仓央嘉措的脸色苍白，这个传说让他十分震惊，他一时没有反应过来。等他回过神，仁珍旺姆那张俊俏的脸已经浮在眼前，眼里是热情、跳动的火苗，烈焰透出的热气炙烤着他。借着几分酒意，他头一昏便低了下去，迎上了仁珍旺姆水嫩的唇瓣。

夜风轻抚着两人的脊背，肌肤仿佛化成了河流，轻轻流淌开来，两颗心像熊熊燃烧的太阳，火热，溢满激情。

夜里，拉萨下起了小雨。雨水淅淅沥沥地打在窗户上，唤醒了仓央嘉措。

他慌忙起身找衣服，回去晚了是不行的。

仁珍旺姆从他背后抱住了他，脸贴着他的脊背，慵懒地问道："你明日还来吗？"

仓央嘉措把手覆在仁珍旺姆的手上，用力捏了捏。

时间尚早，天光还是青色的。仁珍旺姆又躺了下来，她想再睡一会儿，昨晚两人都没有睡好。

她刚合上眼，就听见了仓央嘉措动情的歌声：

微笑知君欲诱谁，两行玉齿露参差，
此时情意真相属，可肯依前举誓词。

仁珍旺姆起身打开了窗户，倚在窗边望着远走的仓央嘉措。他并不回头，一边唱着，一边像是早料定她会起身看一样挥着手。仁珍旺姆紧紧地抓着窗棂，精美的木框吱吱作响。她俯下身子，目不转睛地注视着那个身影，直到再也看不见了。

雨一直下，仁珍旺姆又一次梦见了母亲。

母亲与她隔着一条河，河水湍急而凶猛。

母亲站在对岸，手里挥着条红绫喊道："还是嫁一个男人吧。"

她回道："罪都遭了一遍了，难道还要再遭第二遍？"

母亲又喊："钱终有花完的那天，有了男人，就什么都有了。"

她不甘，说道："男人是什么都有了，我可是什么都没有了。"

盖丹倒了一碗酥油茶。茶香让仓央嘉措又想起了仁珍旺姆。似乎，只要喜欢上一个人就会联想起关于她的一切，尤其这一切又都是温暖、美好的。

仓央嘉措捧着酥油茶，茶的温度透过精美的银碗传至他的掌心，雨水带来的寒意很快被驱逐，他盯着眼前的一沓宣纸，陷入了沉思。

他提起了笔，饱蘸浓墨。

一自魂消那壁厢，至今寤寐不断忘，
当时交臂还相失，今后思君空断肠。

他刚写完，盖丹便进来通报，说第巴桑杰嘉措有事要和他谈。他连忙收了诗稿，正要出门，盖丹又叫住了他。

"佛爷，您的铜铃忘了拿了。"

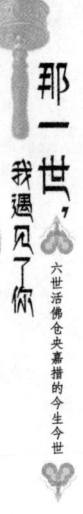

他伸手接过铜铃，那铃上已密密麻麻地生了一层水珠，他用袖口擦拭了一番，重新装回了口袋。

康熙四十年（公元1701年），这一年的春天轰轰烈烈地下了一场大雨，雷电劈倒了几棵白杨树，引发了一场火灾。布达拉宫的经师们打了卦，卦象显示：流年不利。

最先出现的变故是，拉藏王子成了拉藏汗，掌握了蒙古和硕特部的大权。

对于仓央嘉措来说，成了达赖喇嘛，住进布达拉宫，仅仅只是地位的提升，并没有掌握任何实权。时间久了，他的政治意识更加淡薄，拉藏王如何了，谁在掌权，他并不在意。真正为这些事头疼的是第巴桑杰嘉措。拉藏汗的事让他坐卧不安，这个他的头号政敌正如一颗明星般冉冉升起。在五世圆寂的问题上，桑杰嘉措已经得罪了朝廷，处于守势，而拉藏汗的势力却在日渐壮大。虽然作为第巴有着六世宗教的威信和行政大权，出了问题只要把六世送到一线，那么一切倒也好办了，可政治舞台毕竟非同一般，必须心狠手辣，只怕六世处理不好。所以现在所有棘手的事情也只能由他本人来面对了。

仓央嘉措再次来到仁珍旺姆的碉楼时，没有注意到门前放着口铁瓮，他一脚踢翻了后才发现多了样东西，上面还用纤细的字体写着：

留银十二两，方能进门。

仓央嘉措看了忍不住笑了，他把铁瓮扶好，走了过去。门是紧锁着的，他礼貌地叩了叩门，没有动静，窗户倒是一下子开了，里面探出个人影来，正是仁珍旺姆。

102

她指了指那个铁瓮，又指了指门。

仓央嘉措心领神会，放进十二两银子。大门开了，然而仁珍旺姆并不理他而是径直向里走去，从大门到二楼，仁珍旺姆的卧房一共有三道门，每道门前竟都放了一个铁瓮，上面都用绢帛写着：留银十二两，方能进门。

仁珍旺姆走得极快，她进了一扇门就把门关上，等仓央嘉措跟来时，又只有放了银子才能再开。

仓央嘉措越往里走，越感觉蹊跷，难道仁珍旺姆每见一个人都要这么多银子？他走到仁珍旺姆的卧房时已经面露愠色。太过贪恋钱财的女人，心中一定是不善的。他这样想着。

"你可记得我上次问你的问题，你到底是哪家贵族？要知道，每个贵族都恨不得把自己的族徽刻在每件事物上，你是宇妥·宕桑汪波？还是郎堆·宕桑汪波？或者是多噶·宕桑汪波？"仁珍旺姆问道。

仓央嘉措张口结舌，自己随便想的名字哪来的徽号呢？

仁珍旺姆见他不语又说道："你家族一定是很大的，你父亲也一定是管教你很严格的。你来我这儿，只是为了一时之欢，对吧？"

仓央嘉措仿佛吞咽了苦果，他哪里是为了一时之欢呢？他是真心喜欢她啊，希望她住进他的心里，他想为她写诗、读诗，和她白头到老。

仁珍旺姆说完就走了出去，收起门前的三个铁瓮。她把银子全部倒了出来，细数了一遍才收起来。

夜晚的星空是绚烂的，仓央嘉措跟着仁珍旺姆走到了林卡。这是拉萨城中最偏远的一处林卡。仓央嘉措躺了下来，柔软的青草垫在他的背后，他仰着头，专注地望着天空。仁珍旺姆坐着，手里扯着一根堇草把玩着。

第六章 爱若河流

仓央嘉措说："你看，这夜空多美啊，繁星缀在上面，伸出一根手指就能遮住一片。"

他又看了一会儿说道："恐怕这样的星空只有在没有月亮的晚上才有，每一颗星星都闪着光。"

这时，一颗流星拖着长长的尾巴倏然划过，仓央嘉措惊讶地叫了起来。他拉着仁珍旺姆，让她也一起躺下来看。

仁珍旺姆乖顺地躺在了仓央嘉措的臂膀上，仓央嘉措闻到了她身上的檀香味，淡淡的，很好闻。

仓央嘉措说："若是还有下一颗流星出现，我们就能长长久久。"

仁珍旺姆笑了，她抚摸着仓央嘉措的脸，问道："你为何不娶了我？"

仓央嘉措语塞，一时不知该说什么，他拉过了仁珍旺姆的手。她的手是冰冷的。

仓央嘉措岔开了话题："你知道我在想什么？"

仁珍旺姆反问道："那你可知我在想什么？"

仓央嘉措没有回答，而是唱了起来。他空灵的嗓音在静谧的夜空中回荡，悠远而深情：

抱惯娇躯识重轻，就中难测是密意，
输他一种觇星术，繁星弥天认得清。

仁珍旺姆幽幽地说道："又念诗，诗歌又不能当饭吃，更不能当银子花。"

仓央嘉措的声音戛然而止，仿佛遭到了致命的一击，他愤怒地站起身，疾步离开了。

夜空一如来时般绚烂，只是草坡上只剩下了仁珍旺姆。夜凉如刀，割伤了两颗心。

仓央嘉措一走就是很多天，仁珍旺姆那几日常去拉萨城里贵族家的林卡游逛，希望能打听些消息。

接连很多天，整个拉萨出奇地平静，没有宕桑汪波的消息。他不是任何一家贵族的少爷。

仁珍旺姆心灰意冷。

她回到碉楼扯下了红绫，收了起来。

这一夜，她没有点灯。

外面也没有月亮，惨淡的星光忽明忽暗。

仁珍旺姆不知什么时候才睡着的。睡梦中，她又见到了母亲。

母亲在前面走，她在后面跟着。母亲已经白发丛生，脊背也佝偻着，但是走得很快。

她在前面反复说道："嫁个人吧。"

仁珍旺姆看不清母亲的脸，忧伤地回答说："想嫁之人，远在天涯。"

母亲说："他不就住在布达拉宫里吗？"

仁珍旺姆一下子惊醒了，母亲的话还在耳边回响，她再也没有了一丝睡意。

泪水滴答滴答落在被褥上，渐渐洇成一片。她还是打破了自己的诺言，她哭了。

日光十分灼热，照在脸上如同细小的蝼蚁在爬。仁珍旺姆坐了起来，头像灌了铅般沉重。

她倚着窗户，等着她的宕桑汪波。

他来了，还是哼着初次惹她开门的那首歌。

长干小生最可怜，为立祥幡傍柳边，
树底阿哥须护惜，莫教飞石到幡前。

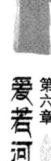

第六章 爱若河流

　　门一直开到她的卧房，今天门前没有出现一口铁瓮。她只是盼着，盼着他能一步步走到她这儿来。

　　两人重新举起了杯，欢声笑语一如平常。

　　仁珍旺姆说："你再唱一曲，可好？"

　　歌声再次响起，她挥动着长袖，翩然起舞。仓央嘉措唱完，她笑着说："听你唱了这么多，不如我也学着唱一首。"

　　她真的唱了一首，曲调和上了，却不如仓央嘉措欢快，反而有些悲切，她赶紧举起一杯酒，仰头灌了下去。

　　喝干了杯中酒，她提议道："难得今日风和日丽，不如我们去赛马。输的人，今晚不许动，任凭对方处置，如何？"

　　仓央嘉措的脸红了，不知是因为美酒滋润的缘故，还是因为眼前美丽的仁珍旺姆。他依了她。

　　拉萨城外，一片开阔。两人各牵了一匹好马，仓央嘉措说："我不欺负你，你先跑出半里，谁先到前面的山坡，谁就算赢。"

　　仁珍旺姆微笑着，突然朝仓央嘉措的马就是一皮鞭，马儿受惊，呼呼地跑开了，她也立刻追了上去。

　　微风带着草香，温柔地抚过他们。她告诉自己一定要赢，她一鞭鞭地抽打着马儿，可是渐渐地，她还是落下了。

　　仓央嘉措回头看她，露出得意的笑容。

　　两人在风里越跑越快，风也越来越急。眼看就要到前面的山坡了，仁珍旺姆抽出一根针猛地朝马屁股扎去，突如其来的剧痛让马疯狂地奔跑起来，由于颠簸得厉害，她几乎要抓不住缰绳了，但是她笑了，因为她即将超过仓央嘉措，她要赢了。

　　风似乎突然间化作了利刃，呼啸着向她袭来。她感觉脸颊很痛，像被生生地剥去了皮。

仓央嘉措在后面喊着什么，她听不到。

阳光终于漫过山坡，露出了头。马儿继续狂飙，然后突然直立起来，凄惨地嘶鸣了一声。仁珍旺姆看见了天空，然后土地斧斫般地向她砸了下来，她晕晕沉沉，失去了意识，只记得仓央嘉措那双绣着流云的松巴鞋朝她狂奔而来。

夜是如此的柔软，绸缎一般地将两人裹起。

仁珍旺姆伏在仓央嘉措的身上，他的肌肤滚烫得像一块烙铁。她仰着头，看着窗外。夜空中升起一弯弦月，弓如眉弯。

她闭上了眼，想象苍穹中有双漆黑的眸子在凝视着她，月是他的眉。

泪水滑落到仓央嘉措的身上。仁珍旺姆知道他不会察觉，他的心无比炽热，却不会只为她燃烧。

第二天清晨，仁珍旺姆又一次说道："你不如娶了我吧。"

仓央嘉措不应她，她又说了一遍，他还是不应。

仁珍旺姆的心冷了，她起身背对着仓央嘉措说道："你不知道吧？曾经宗本也是睡在你那个位置的，你要么留下银两，要么就等着我告到宗本那里。"

她转过身，眼神如冰冷的箭。

她看仓央嘉措不动，又说道："你要是还眷顾我，就多来几次，但别忘了多带些银子。"

仓央嘉措眼里的光芒彻底消失了，他失魂落魄地站了起来，从怀里掏出一袋藏银，颤颤巍巍地把那些银子都撒到了地上，哐当，哐当……

声音钝拙，震碎了曾经连在一起的两颗心。

……

若你不是达赖，

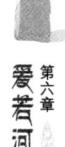

第六章
爱若河流

若我早些遇见你，
若我还是当初那样，以为母亲的话是真的，
若我不是拉巴家的农奴，
若我可以多跟你久一些，
若我能再爱你深一些，不在乎你是否在我身边，
若你知道，我什么都没有了。
……

　　仓央嘉措回到了布达拉宫，失魂落魄，盖丹热了些糕点给他拿过去，顺便说了几句宽心的话。

　　"佛爷，可是为了仁珍旺姆姑娘伤心？"

　　仓央嘉措听到"仁珍旺姆"，脸色一下子阴沉起来。

　　盖丹又说道："佛爷不值得为她伤心，我听拉萨城里的人说，这姑娘虽然长得美若天仙，可心肠是黑的。她贪财，谁要是见她一面，那都是要很多钱的。她对人的热度是要看那人口袋里银子的多少。"

　　仓央嘉措无力地挥了挥手，盖丹知趣地退下了。

　　夜深了，星空失去了往日的光彩。

　　仓央嘉措心凉如水，看着案前的笔，长长地叹了一口气。

玉软香温被裹身，动人怜处是天真，
疑他别有机权在，巧为钱刀作笑颦。
……
飞来野鹜恋丛芦，能向芦中小住无，
一事寒心留不得，层冰吹冻满平湖。
……
我与伊人本一家，情缘虽尽莫咨嗟，
清明过了春回去，几见狂蜂恋落花。

　　他挥毫泼墨，写了一连串的诗歌，然后扔了笔，流着泪睡着了。

很多天过去了，仓央嘉措始终忘不了仁珍旺姆。他在龙王潭射箭时，总是想起仁珍旺姆对他说，若我先射完这五个苹果，你就留下来过夜。

唱歌时，他又会想起仁珍旺姆学着他的腔调唱他的诗。她总是看着不经意，其实心细如发。

仓央嘉措换了俗装，出门去了拉萨。

市井的热闹繁华已经不能吸引他的注意。他似乎并不想去仁珍旺姆的碉楼，却还是鬼使神差地站在了那里。

楼上的窗是紧闭的，他唤了一声："仁珍旺姆。"

良久，没有人应答，他讪讪地拿出银袋喊道："仁珍旺姆，我带银子来了。"

依旧无人应答。

他一直站着。心想，她若知道他来了，一定会开门的。

风一阵阵吹来，楼上的窗被吱吱呀呀地吹开了，里面空无一人。轰的一声，窗户又被重重地摔上了。

此后，再也没有了声响，除了风声，一片死寂。

注释：

①煨桑：用松柏枝焚起的霭霭烟雾，是藏族祭天地诸神的仪式。

第六章
爱若河流

109

第七章
佛不解情

仓央嘉措走遍布达拉宫的每个角落，用手指触碰每一寸墙壁，冰冷坚硬的墙仿佛一堵囚笼。

那段日子，仓央嘉措时常拿出铜铃在酥油灯上烧烤，等铜铃变得滚烫时再停下来，然后等着空气将其冷却。这一热一冷像极了一颗心，从繁华到苍凉。他现在的心，已经找寻不到那盏酥油灯了。

仓央嘉措恨透了佛门的清规戒律，他想，若他还是从前的他，那么玛吉阿米，不，连同仁珍旺姆也不会离他而去，现在的生活该是多么随意，轻松。

他把头发蓄了起来。第巴桑杰嘉措没有精力过问，底下的人也不敢直接劝谏。

冬天过去了，春天再次来临，花朵如五彩流云般渐渐开满了大地，龙王潭里一片生机勃勃。三央路过龙王潭时看见格桑花开

了，便顺手摘了几朵。

仓央嘉措正在屋里读书，三央悄悄立在一旁。仓央嘉措看了一会儿，就把书重重地放下了。接连几天，他都无法静下心来研读书本，拿一本书往往是做样子。他一抬头，看见了三央手里的格桑花。

"你又故意拿花来引我？"仓央嘉措无精打采。

"年年花虽开，年年花不同，何必自扰呢？"三央反问道。

仓央嘉措起身走到了窗边，三央跟了过去，站在了他身后："龙王潭现在风光极好，我的店现在也稳定下来了，常来光顾的人不少，一来二去都成了朋友。现在外面天气正好，不如我在龙王潭办几场宴会，一来你可以解解闷，二来还能认识些有趣的朋友。"

仓央嘉措很是感动，他回头望着三央，笑着点了点头。三央见仓央嘉措笑了，也笑了。

达娃卓玛的童年记忆，是从四岁开始的。

那印在记忆中最早的画面是阿妈慈祥温暖的笑容，再往前的事情，她就记不清了。

那时阿妈常给她讲故事，故事大多是关于她的。

比如，你出生时外面下着雨。雷光那么一闪，我连酥油灯都没点就把你生下来了。

你还不会说话的时候，有时饿了并不哭，只是用手撕扯糌粑，很气愤的样子，好像我故意不给你吃一样。

你小时候常常半夜醒来，那时你才两岁，还要睡在阿妈的怀里。冬天的时候，天气干得厉害，我就把牛奶热了喂你，每次你喝完，总是要跟我玩一会儿才睡。

你刚学会说话那会儿是先叫的你阿爸，你都不知道你阿爸当时多高兴，一口气喝了好几碗青稞酒。

你两岁就不尿床了。

你小时候最喜欢吃奶豆腐，现在却不喜欢了。

你那时是一直被当成男孩子的，直到我给你梳了小辫子，我跟你阿爸才发现你是个漂亮的小姑娘。

你阿爸去世的时候，我哭得厉害。那些日子，你一直抓着我的手，寸步不离。

……

这样的往事，像经文一样被诉说着，仿佛在说着神祇的过去。

阿妈开始渐渐衰老，在染上一次风寒之后，身体便一天不如一天，她很少再给达娃卓玛讲这些了，话越来越少，不过达娃卓玛每次看她的时候，她都是在冲着她笑。夜里，她和阿妈中间隔着一堵厚厚的墙，却依然能听到阿妈一声声的叹息。

每次听到这些，达娃卓玛总是忍不住想哭。

隔壁家的姑娘围着七彩的邦典出嫁了，场面非常热闹，阿妈和达娃卓玛也从家里出来了。姑娘出门时，她家的阿妈是站在门口的，锣鼓喧嚣，喜气洋洋，可当姑娘转身一走，她阿妈便哭了起来，泪水沿着刚刚还在笑着的嘴角落到地上。

阿妈的手像虬枝一样狠狠地抓着达娃卓玛，好像生怕她会消失一样。达娃卓玛回头看见阿妈哭了，便把她拉回了家。

门一关，周围一下子清静了。

达娃卓玛突然跪在了阿妈面前。

在这个家里，她一直和阿妈相依为命，阿妈视她为掌上明珠，呵护有加。要是有一天她也嫁人走了，那就只剩下阿妈自己了。

她一直跪着，望着阿妈，阿妈满脸泪痕，两个人都哭了，阿妈过来扶起了她。

"孩子，你的心阿妈知道，知道。"

第七章
佛不解情

113

阿妈抱着达娃卓玛，呜呜地哭着。达娃卓玛紧咬着嘴唇，抽噎着。半晌，她徐徐说道："阿妈，你放心，我不嫁，我一辈子都守着你。"

阿妈抚摸着她的头发，泪水再次无声地滑落，仿佛三月里绵绵的细雨，潮湿而哀伤。

宴会前的日子，三央不让仓央嘉措去龙王潭。他想给仓央嘉措一个惊喜。

三央通过打探得知，拉萨城中青稞酒酿得最好的是达娃卓玛，自从她阿妈病了以后，她就接手了家里的酒馆。酒馆店面不大，但客人络绎不绝，高贵的、平庸的、俊俏的，形形色色。一间小小的酒馆俨然一个无限大的世界。

达娃卓玛深谙酿造技艺。酿酒是个考验人的活儿，讲究煮的火候，放酒曲的时间，所用的水——达娃卓玛用的是雪山融化的净水——发酵的温度，尤其是温度，直接影响着青稞酒的口感。这些达娃卓玛都记得一清二楚，每次操作她都小心翼翼。只要温度控制得好，只需两三天，一坛醇厚甘冽的青稞酒就酿好了。

新酒每次一拿出来，只要一启坛，香味儿就能把整个拉萨的人吸引过来。

三央去约达娃卓玛的时候，只说是一位富家公子要在龙王潭宴客，让她多带几坛好酒过去。他交代完这些，突然发觉达娃卓玛和措那宗的玛吉阿米有几分相似，他灵机一动，话头立刻变了，强调这位富家公子是常来她酒馆的人，很喜欢喝她酿的酒，也向她发出了邀请。

龙王潭的宴会如期开始了，三央笑吟吟地来接仓央嘉措。这时的仓央嘉措头发已经留长了，穿上俗装后，就是一位大户人家的翩翩公子。美好的仪表，从容的态度，今天的仓央嘉措已不再是过去的懵懂少年，而是一个站在任何地方都能脱颖而出的成熟男子了。

他很久没经历过这么热闹的场面了，最初有些手足无措，与环境格格不入。三央看在眼里，紧张地问道："可是对这宴会不满？"

仓央嘉措笑着摇了摇头，拍了拍三央的肩膀。

他没有坐在主座上，他怕暴露自己的身份，让人和他产生距离。距离，他在布达拉宫里已经深有体会了。人们都把他当活佛供着，没有人把他看成一个有血有肉的普通人。他是活佛，一个连大小便都会被收集起来，当作治病的灵丹妙药的人。今天，在龙王潭，他不想再这样了。

仓央嘉措站在人群外围，由于很少参与这种活动，总是有些犹豫，不过即便当个普通观众，他也很开心了。此时的龙王潭，已经成了欢乐的海洋。

唱藏戏的、射箭的、弹琴唱歌的，三五成群，喝彩不断。仓央嘉措看完了这边又去看那边，每个人都对他颔首微笑，似乎仅一面之缘便已成了故人知己。

酒是宴会中必不可少的。一坛坛美酒在众人停歇的时候齐齐开封，香气缭绕，人们都沉醉了。仓央嘉措率先举杯，对众人说了一篇祝酒词。他说着，时而笑着，脑海中不断地闪现出一帧帧图画。

他情不自禁地吟道：

> 醴泉甘露和流霞，不是寻常卖酒家，
> 空女当垆亲赐饮，醉乡开出吉祥花。

众人举着杯，笑着望向仓央嘉措，他们为他喝彩，为他叫好。短暂的交流后，他们已经喜欢上了这个清新高贵的年轻人。

　　达娃卓玛看到仓央嘉措，是因为一阵风。风拂动柳枝，形成了一道柔和的幕墙，她透过幕墙静静地看着仓央嘉措。他放下酒杯，正冲着众人微笑，他笑的时候有两个浅浅的酒窝，如孩童般天真。眼眸也是弯的，如同半边弦月，好看极了。

　　她看了一眼，就马上低下了头，心咚咚直跳。仓央嘉措的眼睛似乎有着巨大的魔力，要把她生生吸进去。

　　达娃卓玛笑了，露出了青稞酒般清甜的笑容。仓央嘉措一放下杯子，底下的人就又喊再来一杯，如此自然还有第二阕敬酒词，仓央嘉措便在这时看见了达娃卓玛。

　　只是那一低头的浅笑，便让旧了的时光复活。措那宗的风带着甜蜜的味道吹到了拉萨。不经意的一瞥，让心瞬间回到了过去。仓央嘉措的心剧烈地跳动了一下，握在手里的酒泛起了涟漪。

　　他朝着达娃卓玛的方向看着，说道：

　　贝齿微张笑靥开，双眸闪电座中来，
　　无端觑看情郎面，不觉红涡晕两腮。

　　仓央嘉措深情、清澈的声音传到了达娃卓玛耳中，她吓得赶忙躲了起来，心像是要跳出来一样，她捂着心口默念着：他定是看见我了，他定是看见我了。

　　她把青稞酒都摆好后，便顺着小道赶紧离开了。她低着头，走得很快，眼里全部是青草落叶。突然，一双绣着金线流云的鞋猛地出现在了她的前方，她躲闪不及，撞了上去。

　　惊魂未定的达娃卓玛抬起了头，发现眼前的人正是席间吟诗祝酒的人。她吃惊地往后退了两步，低声道了歉，便绕过他疾步离开了。

　　她不知道自己为什么这么害怕，而且虽然怕却还想再多看他几眼，甚至想和他再亲近些……出了龙王潭，她放慢了脚步，长吁了一口气，再看着周围熟悉的景致，竟莫名地觉得多了几分姿色，一切都是那样美丽。

宴会一直持续到日落，天边的晚霞正浓，席间的人醉意阑珊，除了仓央嘉措。

他从遥远的措那宗一直想到繁华的拉萨，他无数次质疑，那个人是不是玛吉阿米，竟有这样的人，竟有这样的容貌，一颦一笑都如同玛吉阿米又回来了。

夜已凉，他拿出了以前的诗稿，一首首地看着，眼前又出现了那个熟悉而又陌生的场景。

草原上，大片的格桑花开得艳丽而疯狂。玛吉阿米在远方挥着手，仓央嘉措飞快地跑了过去，玛吉阿米轻声地质问他："你为何不娶我了？"说着眼泪就流了下来，仓央嘉措心如刀绞，紧紧地把玛吉阿米搂进了怀里。这时，天突然阴了下来，狂风大作，他伸手去挡风沙，玛吉阿米却挣脱了他，像风筝一样飘走了。

他大声地喊着：玛吉阿米，玛吉阿米……

周围一片漆黑。仓央嘉措从梦中惊醒了，他睡意全无，心里千回百转。他告诉自己，这次无论如何也要找到她。

达娃卓玛习惯了在打烊后四处转转，和邻铺的人聊聊天，说说生意上的事。可是她自从从龙王潭回来后，就再也没出去过，每天店门一关就立刻回家。

达娃卓玛和从前判若两人，这让认识她的人摸不着头脑，她的阿妈也觉得奇怪，有时想和女儿说几句话竟然都找不着机会。

阿妈起初以为她病了，后来就明白了，毕竟阿妈也曾年轻过，女儿的心事她是了解的。

117

　　月光带着暧昧倾泻下来，如同黏稠的奶浆。达娃卓玛早早地上了床，但并没有睡着。美好多情的月光，让她又想起了在龙王潭见到的那个人，她伸出一根手指，在墙壁上画着他的模样，额、眉、眼、鼻、唇。画着画着，身上竟热了起来，仿佛天气入伏了一般，她始终画不准他的模样，于是又细细地想，再一下一下地描画。这样，仿佛触及到了他柔软温暖的肌肤……

　　夜深了，阿妈在里屋长叹了一声，她惊恐地停了下来，出了一身冷汗。她突然意识到，自己背叛阿妈了。

　　她重新躺了下来，心里多了一杆秤，一端是年老的阿妈，一端是相思的人儿，这秤是要把她压垮了。

　　仓央嘉措想方设法地打听达娃卓玛。龙王潭一别，他不知道什么时候还能再见到她。

　　三央特意留下了一坛酒。他招呼仓央嘉措过去，把酒碗递给了他，仓央嘉措接过喝了一口，三央笑着问道："你不觉得这酒像是喝了很久的，味道很熟悉？"

　　仓央嘉措又喝了一口，"你是说玛吉阿米酿的酒？"

　　三央点点头。

　　仓央嘉措笑了，有些得意地说道："你那时喝的酒都是改桑姨母酿的，她只是拿来卖而已。不过……我倒是真喝过她酿的酒。"

　　三央睁圆了眼睛，故作不满地瞪着仓央嘉措。

　　仓央嘉措沉吟着说道："玛吉阿米酿的酒不如这酒好喝，她的酒有些青涩，带着一丝酸味，喝下去倒也口齿留香。这酒很醇厚，味道刚好，没有突兀的味道，满饮一杯，就像融进了身体，连心都服帖了。"

　　三央神秘地问道："你想不想认识这酿酒的人？"

　　仓央嘉措将酒一饮而尽，然后低下头自嘲似的笑着，不置可否。

仓央嘉措以酒客的身份去了达娃卓玛的酒馆。酒馆里人不多，他是下午去的，天色还早。

他坐了下来，由于头一次来，也不知该和谁打招呼，就呆呆地坐着。酒馆里很静，这样的静让他有些紧张，他四处张望着，生怕错失了那个期盼已久的身影。

然而，即便他有心理准备，达娃卓玛出来的时候他还是激动了，空气也似乎被扰动，光线开始朦胧起来。

达娃卓玛娴静地走了出来，给他递上一碗上好的青稞酒。

抬头，凝望。

只一眼，达娃卓玛便沉沦了，她知道自己再也无法逃离了。仓央嘉措也低着头笑了。

酒馆提前关了门，两人倚在窗边。

此时的窗外，景色正好。整齐的房屋，遥远的青山，活泼的灌木，一切都是那么美好。这里的青山是不长树的，只有岩石泛着湛青，从远处看，岩石比树木还要苍翠，别有一番韵味。

"宴会的酒是你酿的？"

"是啊。"

"真好喝。"

"……"

"我以后会常来这里喝酒的，因为别处喝不到。"

两人有一句无一句地聊着，有时半晌才说一句话，说的都是小事，也并不过问彼此的身世。达娃卓玛给仓央嘉措讲拉萨城的趣事，仓央嘉措给她讲经书上的章节。两个充满故事的人，都在全力又无心地编织着最美好的梦。

夜幕降临，星斗满天。

仓央嘉措不敢久留，起身告别。外面不知什么时候下起了

第七章
佛不解情

雨。达娃卓玛给仓央嘉措拿了一把伞，仓央嘉措出门走了两步，雨突然变大了，风也猛刮起来，伞一下子折了过去。硕大的雨点毫不留情地砸到仓央嘉措的脸上、身上，正在狼狈之际，他身后的门吱吱呀呀地开了，屋中昏黄的灯光射了出来，仓央嘉措回头，达娃卓玛举着一把伞走了过来。

酥油茶是热的，达娃卓玛给仓央嘉措倒了满满一杯。

温热的茶水暖着仓央嘉措的手，达娃卓玛一边找来干爽的衣服，一边低语道："也不知是怎么了……才见你，这一走就跟生离死别似的。"

这些话原本该藏在心里的，不想竟脱口而出。仓央嘉措动情地拉过达娃卓玛的手，达娃卓玛吓了一跳，想缩回去，却被抓得更紧了。

她把干衣服递给仓央嘉措，然后坐在了他身边。

雨水被屋中的热气烘烤着，冒着淡淡的烟，烟从仓央嘉措的身上腾起，达娃卓玛看了忍不住笑了出来。仓央嘉措不知她在笑什么，想着自己刚刚淋了雨又出了窘相，脸一下子红了。

衣服终于干了，仓央嘉措的穿戴都是用香料熏染过的，达娃卓玛始终能闻到一股清甜的檀香味，她的脸也红了。

雨下了有一盏茶的工夫。仓央嘉措再次起身时，月亮已经出来了，清冷的月光照着地面，各种小水坑像平铺了满满的水银，一动皆动，十分有趣。

仓央嘉措走了一段，本以为达娃卓玛已经回去了，没想到再回头时，她竟然还在后面。

他不得不又折回去，把达娃卓玛送回了家。

两个满腹心事的人，都有自己的借口。

达娃卓玛说："害怕雨再下起来，你没处躲，再让雨淋了。"

仓央嘉措说："雨后天凉，当心受凉。"

两人都不肯先走，达娃卓玛便约仓央嘉措明天再来，她到时准备家宴，只有他们俩，仓央嘉措爽快地答应了，这次终于分了手，仓央嘉措返回了布达拉宫。

日光殿里，灯火通明，盖丹站在门口毕恭毕敬地等待着仓央嘉措。

仓央嘉措进门后，只嚷着困乏，想睡觉，盖丹本来想规谏几句，结果都被挡了回来，只好退下。

灯一盏一盏地熄灭了。

仓央嘉措躺在床上一直很兴奋，睡不着，听着门外没有动静了，又起身点亮了灯。此时，整座布达拉宫只有他这里还亮着灯，像一颗星星缀在漆黑的天幕上。

桌案上静静地放着纸和笔，他笑着走了过去。

为竖幡幢诵梵经，欲凭道力感娉婷，
琼筵果奉佳人召，知是前朝佛法灵。

写完了诗，他安心地睡了一觉，一宿无梦。

第二天清早，仓央嘉措如约出现在了达娃卓玛的酒馆，然而，他等了一天也没见到达娃卓玛。他站在酒馆门口，从日出等到日落，从人潮汹涌等到街头彻底静寂。

仓央嘉措开始有些不安，最初只是期盼，后来就开始担心起来，怕达娃卓玛遇到了什么意外，他甚至做了许多猜测。他不会想到的是，当达娃卓玛再次见到他时，会哭得泣不成声。

仓央嘉措抱着她，想问问出了什么事，但是话到嘴边又被达娃卓玛轻轻地堵了回来。

灯重新点亮了，酒香又四下飘散开来。

没有多余的言语，四目相对，灯火摇曳。

两个人尽情地畅饮，达娃卓玛还起身唱了一曲，歌声深情缠绵。仓央嘉措陶醉地听着，悄悄从怀里拿出了昨晚写的诗稿，结果刚一拿出来就被眼尖的达娃卓玛看见了，她一把抢了过去，不待仓央嘉措说话竟唱了起来。

词是新写的，曲是随意编的。

曲与词倒也相配，姑娘的声音像是为了歌唱而生，丝丝入扣，清幽婉转。仓央嘉措睁大了眼睛，这太出乎他的意料了，这诗歌本就是写给她的，此刻又被她如此巧合地唱出来，歌声还是那么美好，简直是太大的惊喜。

达娃卓玛唱完一曲，停了下来，把诗稿递还给了仓央嘉措，脸红红地说道："冒昧了，不知这诗是写给谁的？"

仓央嘉措心潮起伏，感动得几乎落泪。知己难逢，自己竟会如此幸运。他轻轻握住达娃卓玛的手，笑着说道："这就是写给你的。"

达娃卓玛没有说话，她递上了一杯酒。仓央嘉措抬头再看她时，发现她已经是满眼泪水，他抬手想帮她擦拭掉，却被她轻轻闪开了，她的语气突然变得很淡。

"三央说你往日常来，我却不曾见过你，想是你们联合起来诓我，现在你都已经把我骗到手了，也不妨说说，为何扯谎说极爱喝我的酒？"

问题突如其来，正在喝酒的仓央嘉措差点呛到，他本想找个借口搪塞过去，可是此时此景，他却怎么也忘不了年少时的伙伴玛吉阿米。

他抱住了达娃卓玛，惆怅地说道："此事若告诉了你，你不能生气啊。"

达娃卓玛点点头。

"在南方，我有位心爱的女子。说来天意弄人，她是与你有几分相似的，不过那时年少不懂事，不知什么是爱。我要到拉萨来，那时想的是到了拉萨，便把她和她阿妈一同接来，谁知事情出了变故，她嫁了别人。那天我走，她没有来送别，只让人带话给我，让我珍惜前程。我现在才明白，有人告诉你可以很快忘掉你，那都是假话，对你说过这话的人，往往一辈子都忘不了。"

达娃卓玛一言不发，她默默地坐着，然后抬起了头望着仓央嘉措。

她又递上了一杯酒。

"喝完这一杯，你随我去个地方。"

熄灯的时候，达娃卓玛还在高兴地想着第二天和仓央嘉措的约会。细糌粑，酥油点心，酥油茶，天没亮她就起来准备了。她为了心爱的人儿几乎一夜没睡。

浓烈的情感包裹着她，她觉得自己迎来了新生。

正在畅想之际，里屋的灯突然灭了，接着"轰"的一声，有重物摔到了地上。

达娃卓玛扔下手里的东西，立刻跑了进去，她惊讶地看见阿妈的一只手垂了下来，打翻了酥油灯。

午时，阳光浓烈。

阿妈吃了喇嘛开的药，一直没有醒过来，肌肤因为发烫而显得红扑扑的。达娃卓玛坐在一旁，六神无主。

她不知道阿妈为什么会突然病倒，她责怪着自己，一定是自己从龙王潭回来后总是想着别人忽略了阿妈，所以她才会突然病了。

她难受极了，深重的罪恶感涌上心头，她恨不能立刻死去以减轻阿妈的痛苦。

傍晚时分，阿妈醒了。

达娃卓玛抱着她痛哭，老人颤抖着手，艰难地为她擦着眼泪，达娃卓玛哭得更凶了，几度哽咽。她紧紧地抱着阿妈，好像

一松手阿妈就会离她而去。

她断断续续地说："阿妈，我再也不和他来往了，他是……"

阿妈笑了，拉着达娃卓玛的手轻声说道："阿妈明白你，这也不是什么坏事，只要他待你好。"

达娃卓玛呜呜地哭着，泪水噼里啪啦地掉落，打在了阿妈的手上、衣襟上。

阿妈抚摸着达娃卓玛的头，把她拥入怀里，就像她还是个婴儿时那样。阿妈几次欲言又止，最后说道："你还记得，阿妈常说起的你小时候的事情吗？"

"记得，每一件都记得。"

"阿妈……撒了谎，其实那都是阿妈编的。"

暴风雪停了以后，世界白茫茫一片，天寒地冻。河水因为结了厚厚的冰，不再透光，黑得怕人。这样的冬天，即便没有风雪，冷亦能把人撕碎。

河边传来一阵响亮的啼哭声，她原本是要捡冰块回家化水的，但是哭声引着她走了过去。

在看见婴孩的那一刹那，她便决定要抚养她。那是个漂亮的孩子，有着一双清透、水灵灵的大眼睛。

她一直没有自己的孩子，她认定这是上天的恩赐。

从此，她全部的心血和感情都扑在了孩子身上。现在，小孩儿长大了，要嫁人了，她突然感到了一丝恐慌，好像有人要夺走她的命一样。后来她想通了，孩子嫁人未必是离开，如果她还是死死地把住不放，那便不再是爱，只有让她自由让她走，才能给她最大的幸福。

达娃卓玛睁大眼睛望着阿妈，一脸的迷惑。阿妈微笑地看着她，唱起了一支摇篮曲，那调子熟悉极了，达娃卓玛一如儿时般咧开嘴角笑了。

阿妈唱完，说道："我恐怕以后再也照顾不了你了，你能不能让我见见他？也好让我知道他是个什么样的人。"

她话说得极轻，达娃卓玛下意识地拉紧了她的手。

请来的喇嘛，背着手站在门口轻咳了两声，达娃卓玛赶忙站起身。喇嘛示意她到门外来。

"你阿妈的病，怕是一时好不了了。你若好生照顾，还能挺些日子……"

简单的几句话，如同炸雷，达娃卓玛的头被震得嗡嗡作响。

她还想说些什么，但胸口发闷，眼前一黑，她努力地让自己站直，然后点点头，表示她明白了。

达娃卓玛心事重重地在前面走，仓央嘉措在后面跟着，他试图更靠近一些，但达娃卓玛走得很快，不给他任何机会。

月光下，达娃卓玛的影子像墨色的河水流过街道。终于，她停了下来。

她还是不看仓央嘉措，而是径直穿过庭院，进了里屋。

阿妈已经点亮了酥油灯，热腾腾的茶也已经摆好了。

仓央嘉措正在诧异，达娃卓玛忽然转身看向他，神色肃穆。她缓缓地说道："这是我阿妈。"

老人的银发在暗夜中闪着光，仓央嘉措赶紧上前请了安。

两人进屋时，带进了些冷气，阿妈咳嗽了两声，达娃卓玛立刻递上了一碗奶茶。

老人良久不语，只是温柔地上下打量着仓央嘉措。

"你向我发誓。"她忽然严肃地说道。

仓央嘉措的心七上八下，他跪了下来，仰头望着老人。

"你要对达娃卓玛负责一辈子啊！"她感伤地说道。

仓央嘉措转头去看达娃卓玛，达娃卓玛只是低着头。

第七章 佛不解情

125

仓央嘉措举起手，郑重地说道：

"我的一生，是她的；她的一生，是我的。阿妈，您放心吧。"

誓言十分简单，没有鲜花礼乐，没有诵经祈福，然而字字烙在心上。老人满意地点了点头。

达娃卓玛走了过去，握着阿妈的手，轻柔而肯定。

有个声音在她的心里响起，洪亮如铜钟：

他如崔嵬的山，已将天地分开；我卑若溪水，流经他的臂膀，却此生相恋。

也好，也好，错过了他的童年，错过了他的少年，这样便再也错不过什么了。

那段日子，仓央嘉措与达娃卓玛仿佛生活在了天堂一般，无忧无虑。

若是天好，便骑两匹好马到草原上奔驰，虽说已经入秋，但天气清爽，黄叶纷纷，别有一番韵味。

仓央嘉措经常一时兴起写下诗歌，达娃卓玛则总要先睹为快，然后沉思，再引吭高歌。她的歌声曾唱哭了仓央嘉措，也曾让他开怀大笑。

在月下小酌，也是两人极快乐的时光。

达娃卓玛说："我酿酒的坛子破了，怕是两天酿不了酒了。"

仓央嘉措弹了一下她的额头，笑着说道：

少年浪迹爱章台，性命唯堪寄酒怀，
传语当垆诸女伴，卿如不死定常来。

达娃卓玛听着，没有再附和，此时她的心已被温暖的阳光填满。她默念着：是啊，若你还在，夫复何求。

还有一次，仓央嘉措与达娃卓玛正在街上走着，忽然看见前面卖首饰的摊子旁伫立着一对男女。女子像是受了委屈，正在和男子赌气，转过来，转过去，就是不理男子。

直到男子买了银戒指，套在她的手上，她才破涕为笑。

达娃卓玛见状，问仓央嘉措："你我之间，空口无据，若是哪天各奔天涯，只怕连个念想也不剩。"

仓央嘉措笑了，一手搂过达娃卓玛，一手轻轻在她鼻尖上刮了一下，说道：

> 微笑知君欲诱谁，两行玉齿露参差，
> 此时情意真相属，可肯依前举誓词。

达娃卓玛原本想假装受委屈，伤心一下，此刻却忍不住笑了，刚刚酝酿着的两滴泪不小心滑落，掉在了手背上，她连忙转过身擦掉了。

仓央嘉措的铜铃，近来常常闲置在柜子中，柜子离滴漏极近，于是沾了潮气，生了锈。铜铃本来是唤侍从用的，有事摇摇铃，侍从就会进来，或侍奉洗漱，或穿衣、奉茶。

仓央嘉措自从认识了达娃卓玛，忘性很大，花前月下之际就会彻底忘了自己是达赖喇嘛。如此，铜铃已经很久不用了。

盖丹再次将铜铃拿出来时，上面已经生了一层绿锈，斑驳的锈迹还奇异地呈现出一个心形。他赶紧把铜铃擦了一遍，又用上好的酥油涂抹了几次，这才亮了起来。

铜铃刚擦拭好，第巴就来了，盖丹迎上去，请了安。

第巴桑杰嘉措询问六世的情况，盖丹不敢隐瞒，一一上报。此前，第巴的眼线已经通报过，说六世过于耽溺酒色，他半信半

第七章 佛不解情

127

疑，今天盖丹一说，看来是真的了。他忧心忡忡，这样放纵，于六世活佛的身份而言，无疑是个巨大的政治把柄，要是被拉藏汗知道了，不知会如何。

第巴桑杰嘉措下了决心，他要直接管教六世，不再让他任意妄为。

他给三大寺①的堪布②写了密信，提议让六世达赖闭关修行一个月，堪布们自然没有意见，他便以众人的名义上奏六世达赖："您已经到了应该接受格隆戒的年龄，为了您以后能以更精湛的佛法度化众生，众僧建议您入山闭关修行一段时期。"

仓央嘉措头脑一片空白，盖丹在一边低着头。他明白这里的缘由，可他怎么能入山闭关呢？这样无声无息地消失，他和达娃卓玛之间刚刚萌芽的爱情就会进入寒冬，这是他万万不能接受的。

一阵风吹来，仓央嘉措打了个激灵，他一下子有了主意。

他佯装咳嗽起来，带着喘息声对第巴桑杰嘉措说："我最近身体欠安，恐怕不能入山闭关，况且马上就深秋了，山里寒气太重。"

第巴桑杰嘉措没料到仓央嘉措会拒绝，他沉默了很久，然后转过身，叮嘱了一下盖丹，就慢慢地离开了。

第巴走后，仓央嘉措意识到，以后再想出宫怕是不容易了，政局一直动荡，太平岁月已经一去不复返了。想到这里，他的心更沉重了，失魂落魄地把玩着铜铃。铜铃很久不用了，声音有些发涩，叮咚，叮咚，两声闷响之后，唤来了盖丹。

盖丹低着头不敢看仓央嘉措，仓央嘉措见他进来，愣了一下，然后才想起来是自己摇铃了。

"你下去吧，我没什么事儿。"仓央嘉措说道。

盖丹弓着腰，恭敬地退了下去。

日光殿里一下子又变得安静了。

他把头探出窗外，天空湛蓝，一望无际。他深吸了一口气，心似乎开阔了些。

他站了片刻，脑海里又有了几句诗。

至诚皈命喇嘛前，大道明明为我宣，
无奈此心狂未歇，归来仍到那人边。
……
静时修止动修观，历历情人挂眼前，
肯把此心移学道，即生成佛有何难。

写完了诗，他又顺手翻阅了两页佛经，可是很难看进去。他若有所思地盯着门外，感觉总有人在看着他。是她，一定是她来了。他兴高采烈地奔到门外，廊道里空无一人。

拉藏汗的探子一路快马加鞭。刚刚继承了汗位的拉藏汗一直在为如何扳倒第巴桑杰嘉措而挠头，探子回来后，他立刻召见了他。

探子带来的消息让他很振奋：

"六世达赖喇嘛终日耽溺酒色，荒淫无度。常常出宫与酒家女私会，定是桑杰嘉措立的假达赖。"

拉藏汗起初非常惊诧，但随即哈哈大笑，然后重赏了探子。

他马上和准噶尔部的新首领策妄阿喇布坦发表了一个联合声明：六世不是真达赖。

消息很快传到了布达拉宫，盖丹惊慌失措地跑到日光殿，颤抖着告诉了仓央嘉措。仓央嘉措那时正在午睡，醒来见是盖丹，含糊地应了一声，又睡了过去。盖丹站了一会儿，又无奈地退了出去。

仓央嘉措其实并没有睡着，盖丹出去后，他立刻站了起来。屋里没有点灯，门窗也都关上了，四周一片昏暗。他走到窗边，猛地打开了窗户。

第七章

佛不解情

129

没人注意到布达拉宫万千的窗户中开了一扇，窗子里的人正痴痴地看着外面人烟阜盛、市井繁华。

仓央嘉措站了很久，又缓缓地关上了窗户。眼睛因为强光持续的照耀，回身之际一下子盲了。他惊恐地抓着窗沿，一只手在空中上下地摸索着，好一会儿才适应，如同一根紧绷的弦，射出最后一支箭后，松弛了下来。

消息也很快传到了第巴桑杰嘉措的耳中，他怒不可遏，把正拿着的笔重重地摔了出去，笔砸到松木桌上又弹了起来。众人在一旁屏息侍立，战战兢兢。他反复地踱着步，时而长叹，时而蹙眉，他的心里充满了对六世的愤怒，怒其不争，怒其沉湎女色。不知过了多久，他平复了下来，脑子里飞快地闪过各种念头：六世尚且年轻，酒色之事倒也平常，都是拉藏汗太过阴险；可如果六世被定性为假达赖，那么他的政途也就毁了，整个拉萨也极有可能落入蒙古人之手。

这些念头，像一把把尖利的刀，刀尖所向，他已不敢错乱分毫。他向周围巡视着，像是要寻找一根救命稻草一样。忽然，他看见了佛像，紧皱的眉头一下子打开了。

桑杰嘉措想到了六世达赖的师父五世班禅，他立刻走到案前，飞快地写了一封信，将传闻与事实一一详述，诚恳地说明了自己的担忧和以后可能会出现的变故。

信被快马送至后藏。不久，五世班禅回了信。

他在信中正式邀请仓央嘉措到后藏的日喀则去，他要亲自在扎什伦布寺为仓央嘉措主持受格隆戒的仪式，并对他不羁的行为进行规劝。

第巴桑杰嘉措收到回信后，长舒了一口气，事情终于有了转机。信是以纤薄的亚麻纸写成的，高贵而庄重，他捏着信的一角，将其送进了火光，然后看着它一点点烧起来，最后成了一堆灰烬。

纸、火光、白色的灰、阴晴不定的脸，都在屋内闪烁着。火苗渐渐退却，一切有如昭示着天机般，玄奥而变幻莫测。

注释：

①三大寺：色拉寺、甘丹寺、哲蚌寺。

②堪布：原为藏传佛教中主持授戒者之称号，相当于汉传佛教寺院中的方丈。其后举凡深通经典之喇嘛，而为寺院或扎仓（藏僧学习经典之学校）之主持者，皆称堪布。担任堪布的僧人大都是获得格西学位的高僧。

第七章
佛不解情

131

第八章
金顶崩落

康熙四十一年（公元1702年），一场雨雪过后，冬天来临了。雪粒夹在细密的雨水中飘然而至，远看只是细微的白，仿佛纤小的银针。地面渐渐积了一层雨水，寒风再起时便结成薄薄的冰，马儿踏上去会发出轻微的碎裂声。

仓央嘉措坐在车上，窗帷遮住了肆虐的寒风，也遮住了万千的景色。随行的人中，有一个小喇嘛，与仓央嘉措年纪相仿，路过哲蚌寺、堆龙德庆、羊八井、南木林时他都会朝着窗帷轻声说：

佛爷，到了哲蚌寺①，这里肃穆极了，您该看看。

佛爷，到了羊八井，这里云雾缭绕，犹如仙境，您该看看。

……

仓央嘉措只由他说，沉默不语。

扎什伦布寺②的金顶在阳光的照耀下，升起一层诡谲的雾，

竟有些云蒸霞蔚之势。二十岁的仓央嘉措扬起脸，望着金顶，没有一丝笑容，瞳孔中满是翻滚的云翳。

为了恭迎六世达赖受戒，日光殿提前一个月就已经布置妥当了。仓央嘉措端坐在五世班禅大师面前，面沉似水。五世班禅用尽了言语，劝说，教导，最后无奈地问道："可好？"仓央嘉措拿着佛珠，慢慢地站了起来，不顾五世班禅诧异的目光，径直走到殿外，转身，双膝跪倒。尘埃与阳光受到惊扰，一下子跳跃了起来。仓央嘉措缓缓抬起头，铿锵有力地说道："请师父饶恕徒弟忤逆，恭请师父连同沙弥戒也一并收回去吧。"

大殿里鸦雀无声，几乎所有的人都屏住了呼吸。然后，先是前排的僧人跪了下来，随后整个日光殿里的僧人都如潮水般跪了下来，膝盖与青石板碰撞发出了阵阵沉闷的声响，令人心惊胆寒。

仓央嘉措不为所动，他笃定地望着五世班禅，一言不发。

五世班禅半晌无话，整个大殿一片死寂。仓央嘉措再次伏下身，磕了一个头。这原本轻微的声响，此刻如同一颗炸雷在空中炸响。

仓央嘉措伏在地上，声音平静而坚如山岳："师父若是不收回沙弥戒，弟子便在这扎什伦布寺前自尽。请师父择选其一。"

布达拉宫外晴朗的天空中飘来几朵乌云，云遮住了太阳，挡在了布达拉宫上空。仓央嘉措放下了经书，书被风吹翻了两页，发出沙沙的声响。仓央嘉措的心有如细针划过，先是疼痛，然后是无限的惶恐。

他关紧了门窗，屋中一片昏暗。

突然，门被推开，光线霎时间涌了进来，第巴桑杰嘉措风尘仆仆地站在门外，无数尘埃在光柱中四处奔逃。

桑杰嘉措转身关上了门。屋中比刚才更静，彼此的呼吸声都听得清清楚楚。

往日威严的桑杰嘉措，此时一脸憔悴，比先前似乎苍老了十岁。他一步一顿地走到仓央嘉措面前，双膝一曲，重重地跪了下来。

"佛爷，你可知，再往前一步就是万丈深渊？"

仓央嘉措拨着佛珠，一言不发。

桑杰嘉措一直跪在地上，屋里越来越暗，点灯的侍从不敢进来，黑暗如猛兽般吞没了一切。

良久，仓央嘉措转动佛珠的手指停住了，他淡淡地说道：

"纵然是万丈深渊，也要前行。那是我的一生，也是她的一生。"

仓央嘉措回到拉萨时，天色已晚。大雪过后，地面泛着惨白的光。他坐在肩舆上，手里拿着五世的铜铃，那铜铃随他到了扎什伦布寺，又回来，一路颠簸。他紧紧地攥着它，回到布达拉宫时，手上已经有了弯月般的印记。

走下肩舆，他站在布达拉宫前的台阶上向下俯瞰，心在那一刻，豁然开朗。

回拉萨的路上，仓央嘉措并没有想桑杰嘉措，直到走近布达拉宫的南墙，看见五世达赖为第巴留下的那双掌印时，才想了起来。

他本不该用性命相逼，置彼此于绝境，可他知道，向前一步是深渊，向后一步也是深渊。

桑杰嘉措让步了。在那间暗室中，他们看不清彼此的脸，只有言语越发沉重。

仓央嘉措来到了日光殿，桌子上放着《蓝琉璃》③，那是桑杰嘉措的著作。桑杰嘉措知识渊博，仓央嘉措不仅视他为师，更把他当作兄长，内心十分敬重。此行，多亏他慈悲、体谅，才让他重新获得了自由。

第八章
金顶崩落

仓央嘉措合上书，月亮不知何时已经没了踪影，天边的暗云压了过来，外面簌簌落下的雪隐隐可见。他走到窗边，将双手伸出了窗外，几粒雪珠立即随风落进了他的掌心，冰凉沁心。

远处的房舍，寂静的街道，落雪泛着微弱的星光。仓央嘉措静静地看着，心底无限欢喜，他开始想念她了。

天亮后，雪停了，鲜艳的晨曦又照耀着大地，世界一片绚丽。仓央嘉措换上俗装，甚至没有等到晨钟敲响就出了门。

达娃卓玛开门时，还以为是酒客，当看清是仓央嘉措时，顿时惊讶不已，泪水渐渐充盈了眼眶。

仓央嘉措对自己的消失只字不提，达娃卓玛也并不追问。两人似乎都忘记了不快。

下午，乌云滚滚，雪花又从灰色的云团中飘落，最初是零星的小雪，后来纷纷扬扬，成了鹅毛大雪。

酒馆原定下午早点打烊，达娃卓玛的阿妈病重了，然而大雪一下，他们又只好待在了酒馆里。

天光被漫天风雪遮盖，屋内亮起了酥油灯。

两人又饮了几杯酒，身上暖暖的。达娃卓玛本来还想唱上一曲解闷，可是仓央嘉措的脸上却爬满了愁思。

达娃卓玛看在眼里，并不说破，只是紧紧地握着他的手。仓央嘉措抬起头，达娃卓玛正笑盈盈地看着他，他勉强地笑了一下，把达娃卓玛拥入怀里，轻声说道："我给你讲个故事吧。"

灯火摇曳，残酒早已干涸，窗外是鹅毛般的大雪。仓央嘉措望着窗外，灰暗的云层似有光亮划过，露出一段白色的罅隙。周围很静，只有那刺眼的白窸窣作响，那是一个人无法规避的命运。

过去并未消失，未来也一直都在。

有小孩子名叫阿旺诺布，他的家乡在南方的草原上。那里的寺庙每天都会敲钟，但钟声和拉萨的不同，它并不庄严，甚至很多时候，孩子们玩耍忘了回家，听到钟声就知道该回去了。

阿旺诺布的阿爸和阿妈都很疼他，从阿旺诺布记事起，每一天就都是快乐的，没人逼他做什么，他饿了就告诉阿妈，阿妈就会拿来好吃的糌粑；累了就躺在阿爸的腿上，阿爸会给他讲好听的故事，讲很多很多，有狼王，有文成公主，有格萨尔王，多得数不清。

阿爸还教他唱歌，他学不会，阿爸就让他跟家里的小牦牛打架，只有赢了才有饭吃。

阿爸说，男孩子不仅要学知识，还要有个好身体。

可是阿爸不知道，小牦牛是跟阿旺诺布一伙的，每回都让着他。

后来，阿爸染了恶疾，不到一年就去世了。阿妈没了依靠，和他相依为命。那时他还小，并不懂"不在"的含义，只是随阿妈哭了几天后就又到处去玩了。

再后来，村子里突然来了几个人，说是要带他去学经，阿妈问他想不想去，他觉得很新鲜，就说想去。结果没想到，这一去，就再也没有见过阿妈。

学经的时候，他认识了生命中的第一位姑娘。那时，他是那样平凡，她也是普通人家的女儿，彼此情投意合，无忧无虑，不用关心地位、金钱、牛羊的多少，只是喜欢。他们天真地以为，只要彼此喜欢，就会天长地久。

有一天，又来了一群人，这次他们强行带走了阿旺诺布，给了他很多珠宝，让他住进辉煌华丽的宫殿。阿旺诺布伤心极了，他喜欢的人都离他而去了。

阿旺诺布在宫里住了很久，每一天他都想出去，可是没有合适的理由，外出是不被允许的。

他活得很枯燥、乏味，终于有一天，他找到机会可以出去了。

第八章 金顶崩落

137

他一直想着学经时认识的姑娘，可是故乡传来消息，那姑娘已经嫁人了。他没想到会是这样，他以为她还在等着他，他的心碎了，很长时间都萎靡不振，直到有一天，机缘巧合，他又认识了另一位姑娘，她漂亮，活泼，善解人意。

可他不能娶她。他一直以为，只要喜欢她，多跟她在一起，就是圆满的爱情了。

直到有一天，她也离开了，他才意识到自己是多么吝啬、自私。

就这样，他从未得到过什么。一次次地想冲破牢笼，可都是到了最后才发现，一切都是命，宿命。

他很想爱一次，轰轰烈烈地爱一次。

年幼时不懂父母，想再爱父母时，父母已不在。

年少时想和她天长地久，却不想，她走了。

……

大片的雪花纷纷落下，外面寂静无声，除了偶尔响起的几声狗吠，世界仿佛被冻住了，仓央嘉措止住了言语，达娃卓玛抬头轻声问道："后来呢？"

仓央嘉措笑着看了她一眼，说道："后来，他遇见了你。"

雪是傍晚停的，云还没有散尽，天地间一片漆黑。

靴声橐橐，在夜里听得格外真切。拉萨城里有一盏灯火，影影绰绰，直奔布达拉宫。到了布达拉宫，又从宫后的小门娴熟地拐了进去。

灯火在狭窄的走廊里渐渐聚集，灯后的人如同融化了的雪人，眉头紧蹙，面带忧伤。

那是孤单的一个身影，提着一盏灯。

是布达拉宫着魔似的钟声，让仓央嘉措想起了一件事：夜里必须返回，以防不测。

靴子上沾满了雪，走到日光殿时，已经踏出一条水渍。

灯光很暗，仓央嘉措没有留意，他直接进了日光殿，躺了下来。夜里，又起了风，风声入梦，一切都安静了下来。

翌日，晨雾散去，四下又是一片清明。盖丹惊惶地跑到了仓央嘉措面前，因为跑得太急，跪下的时候身体还在抖。

他抬头望着仓央嘉措，如释重负地喘了一口气。

仓央嘉措疑惑地问道："盖丹，这么匆忙地来，莫非有什么要紧的事情？"

盖丹回道："早晨侍从瞧见有一串陌生的脚印，一直到了布达拉宫。我们以为是贼，结果到宫里一寻，又发现有水渍一直到了佛爷您的日光殿，我以为是刺客，所以才赶快过来，看看佛爷可好。"

仓央嘉措想起了昨晚的事，又想到了达娃卓玛，他不好意思地笑了，盖丹一直低着头，没注意到佛爷的表情，他虔诚地跪着，等着佛爷的指示。

仓央嘉措笑着说道："你起来吧，你仔细看看这屋里可少了什么？"

盖丹站起来，大致地看了一下，说："只要佛爷安好，就好。"

盖丹退下后，仓央嘉措又忍不住笑了起来，看见桌上的笔，就走了过去，略一沉吟写道：

夜走拉萨逐绮罗，有名荡子是汪波，
而今秘密浑无用，一路琼瑶足迹多。

今年的雪似乎格外多，诗刚写好，外面又浓云密布了。仓央嘉措有些难过，天地如此广阔，为什么自己活得这样艰难。

那些天，除了乌云过境，周边也十分不太平。第巴桑杰嘉措与拉藏汗持续明争暗斗，硝烟弥漫，桑杰嘉措给盖丹下了死命

第八章
金顶崩落

139

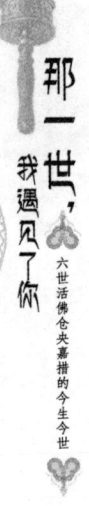

令，六世不能再出布达拉宫一步，因为拉藏汗有关假达赖的密信已经送到了京城，前途未卜。

时局动荡，仓央嘉措无心读经，他经常是在昏昏欲睡中度过了一天。盖丹守在他身边，见缝插针地说些有关第巴桑杰嘉措的事。

其实盖丹说的，仓央嘉措早已经知道了。盖丹语气悲切，让人伤感，仓央嘉措不愿意看他，将头扭向了窗外。云翳终日不散，已经不知多少天了。

仓央嘉措想，这深渊怕是到头了。想来，人不免一死，若不贪恋生，死时便可脱离轮回之苦。经书上说，死不是灭亡而是新的开始……

可惜，无论明白多少佛理，到头来还是要沉沦在红尘中。

铜铃已经不能发出声响了，铃心损坏了，盖丹几次要拿去修都被仓央嘉措拒绝。现在，破损的铜铃一直藏在他的袖子里，伸手就能摸到。

京城派来的使者抵达的时候，夕阳如同碎了一般，恍恍惚惚地挂在天边，几只鸽子在布达拉宫上空久久盘旋，留下几片灰白的羽毛后就渐渐飞远了，一些羽毛飘进了窗户，落在了经书上，仓央嘉措轻轻拂动丝巾，将其抹去了。

盖丹弯下腰恭敬地说："皇上的使者来了，第巴让佛爷您先去剃发更衣。"

仓央嘉措一听，如五雷轰顶，向后退了一大步。

盖丹跪下行了五体投地④的大礼，说道："佛爷，这是一定要做的，您的发是一定要剃的。"

仓央嘉措抚摸着自己的头发，它们已经留长了，只是由于很少见光已经显得有些干枯。他嘲讽似的说："都剃过一次了，还怕再剃第二次吗？"

灰色的鸽群又从天际飞了回来，遮住了远方的太阳，天空阴沉得仿佛在酝酿一场暴风雨。

第巴桑杰嘉措与拉藏汗一起陪着皇帝的使者来到了布达拉宫的佛殿。使者的声音高亢而洪亮："请六世达赖脱下袈裟。"

浓重的霞光照进佛殿，仓央嘉措一件件褪去衣裳，赤身裸体地坐了下来。

众人屏息，使者绕着仓央嘉措转了三圈，每转一圈他的步伐都会更慢，他上上下下反复地打量着仓央嘉措，脸上没有一丝表情。

转完了三圈，他停在了仓央嘉措面前，转过了身，盖丹忙给仓央嘉措披上了衣服。使者一言不发，一直紧皱着眉头，第巴桑杰嘉措、拉藏汗都紧张地望着他。

他忽然说道："尚不能确定是否为五世的转世尊身。"

声音轻若浮云。第巴桑杰嘉措倒吸了一口凉气，下意识地握紧了腰刀。

使者继续说道："不过，确有圆满圣体之法相。"

仓央嘉措被使者遮住了，众人看不到他的脸，他低着头笑了。

他不是为自己庆幸，而是为延续的时光庆幸。

使者走的那晚，仓央嘉措趁着暮色又去找了达娃卓玛。

灯熄灭了，周围一片漆黑，两人隐没在黑暗中一答一和地说着话。

……

他说，需懂得死之从容。

她说，要随了生之贪恋与他看。

他说，天下无不散之筵席。

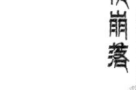

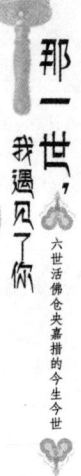
她说，要伴了这一辈子与他看。

他说，金银权贵终是空。

她说，粗茶淡饭才是情。

他说，少年情事老来悲。

她说，要做了海枯石烂的盛情与他看。

他说，高处不胜寒。

她说，要奉了此生讨他欢。

他说，佛无不度之人。

她说，愿为他皈依前的红尘泪。

……

黎明前的黑暗总是漫长，他看见她的脸上写满坚强，那本想用残忍的诀别来瓦解的深情，此刻如野火之后的草，绵延不绝，生机勃发。

仓央嘉措踏着夜雪回到了布达拉宫，宫后小门边的老狗还在沉睡。他一路欢快地走着，此刻，即便大限将至，他也愿意微笑赴之。

那一晚，他写下了几首诗：

龙钟黄犬老多毚，竟日司阍伏尔才，
莫道夜深吾出去，莫言破晓我归来。
……
为寻情侣去匆匆，破晓归来积雪中，
就里机关谁识得，仓央嘉措布拉宫。

写好后，他递给了一旁的盖丹，盖丹读了一遍又一遍，佛爷的那些事都再清晰不过了，他准备规劝的话也不用再说了，他收起佛爷的诗篇，弯下腰行了个五体投地礼，无奈地说道："佛爷，万万要保重啊。"

仓央嘉措点了点头，笑着又望向了窗外。

康熙四十二年（公元1703年）正月，寒冷如巨兽般肆虐着天地，树枝上挂着的冰凌常常在有风的夜晚折断，让人心神不宁。经师们赶着日光和煦的一天来到了仓央嘉措面前，他们有些兴奋地说，今年的传昭大法会将极为顺利。

话音未落，窗外飞过几只黑色的鸟，那些鸟儿像被人施了咒一般飞过去，再飞过来，往复了几次，仓央嘉措看呆了，手指碰到了袖子中的铜铃，铃口的一侧锋利如刃，割伤了他，殷红的血顺着指尖滴到地上，没有人发觉。

传昭大法会从正月初五开始，到二十六日结束，一共进行了二十一天。

在这二十一天中，仓央嘉措只能待在日光殿里，唯一的消息来源是盖丹。他时常站在窗边看着人来人往。人群总是在晨曦中浩浩荡荡地来，又在薄暮中浩浩荡荡地去。这样平实而忙碌的生活，是仓央嘉措喜爱的，向往的。

盖丹到日光殿的次数越来越频繁，仓央嘉措倚在无畏狮子大宝座上，对他的话充耳不闻，可是那些带着血腥的字眼却像凶猛的毒蜂一般，非要刺进他的肉里，让他感受钻心的疼痛。

……

佛爷，您还记得曲和多巴吗？就是到邬坚林寺接您的人。

第巴说，他被拉藏汗的人劫走了。听说是因为护卫的人没有听从拉藏汗的安排，曲和多巴上前辩驳了两句，就被劫走了，现在还扣在拉藏汗的手里，非要第巴过去呢。

第巴气坏了，他让佛爷这两天好好待在布达拉宫里，护卫都加强了，怕是要有事情发生了，唉。

果然，狡诈的拉藏汗抓曲和多巴就是为了向第巴挑衅。

听说，他们在拉萨城外打起来了，蒙古人终归是蒙古人，怎

第八章 金顶崩落

么会向着我们西藏人呢？不过佛爷您放心，三大寺的堪布已经去调和了，应该不会出什么事情，况且拉藏汗以前跟第巴都是五世的弟子呢。

听报信的人说，那的确是个误会，仗倒是打了，不过只是动了些皮毛，很快就和解了。佛爷，您不要担心。

佛爷，拉藏汗和第巴在和谈中像两头凶猛的狮子，谁也不肯让谁，最后还是拉藏汗的经师出面才和解了。

不过……不过，第巴退位了，拉藏汗也答应把兵退出西藏。佛爷，新继任的第巴是桑杰嘉措的儿子，叫阿旺仁钦。

……

仓央嘉措不愿再听盖丹说话，有几天他一直紧闭房门，只让送饭送水的侍从进来。柜子里有些占卜用的法器，仓央嘉措都找了出来，白天对着太阳占卜，晚上对着月亮占卜，然而结果总是很诡异，那些卜文常在深夜幻化成黝黑细小的长蛇，绕着他的手臂旋转，他睁眼看去，小蛇便顺着他的手臂一直蜿蜒到脖颈，倏忽不见了。

日光殿里通常都是很安静的，光线与尘埃都静静地伏在地上，不愿挪动。

门再次响起时，仓央嘉措听到了盖丹的叫喊声，隐约还有哭泣声。仓央嘉措打开门，盖丹身体前倾，一下子扑倒在地，颤抖着递上了一封信。

信是新任第巴阿旺仁钦写的。

又是离去的信。他合上了信纸，伸手摸了下盖丹的头顶，盖丹哆嗦的身体在佛爷的手下平静了下来。

仓央嘉措神色凝重，半晌无语。

盖丹抬起头，佛爷的身影如隐没在晨光中的雕塑，清冷、庄严。

康熙四十四年（公元1705年），西藏的局势每况愈下，第巴

144

桑杰嘉措与拉藏汗之间的战争一触即发，仓央嘉措已不能置身事外。在三大寺高僧的奔走下，藏蒙双方、政教两界的代表都坐在了谈判桌前，仓央嘉措作为活佛主持了这次和谈。

双方碍于情面都答应各让一步，可实际上，该谋夺规划的，谁也不愿失去分毫。曲终人散，仍旧是各怀心事，摩拳擦掌。

日光殿里，桑杰嘉措站在了仓央嘉措面前。

走廊里是侍卫警觉的脚步声，仓央嘉措拨弄着佛珠，眼神澹远，神游物外。

桑杰嘉措望着年轻的六世，心中不胜悲凉。

他知道，大势已去。

他一字一顿地说着，每说一句仓央嘉措便拨过一颗佛珠，冰冷的珠子一颗颗地在他的手里滑过。

只有孤注一掷了。

佛爷，不要怪罪我。

拉藏汗必定对你我存有疑虑，我若去了，佛爷不能再耽溺酒色。

……

佛珠一共十二颗，桑杰嘉措说了十二句。他每说一句都会停顿很久，最后他艰难地叮嘱道：

此去凶险，恐难自保，望佛爷万万保重自己。

仓央嘉措的佛珠转到了第十二颗，因为太过用力，珠串崩开，佛珠如急雨般打在了地上，此起彼伏的弹跳声惊心动魄。

第巴桑杰嘉措花重金买通了拉藏汗的一位侍从。侍从贪婪地收下了一整袋金子后，在拉藏汗的青稞酒里下了毒药，那细如骨粉的药融进青稞酒中，无色无味。侍从端上了那杯索命的酒。拉藏汗目

第八章 金顶崩落

不斜视，只是看着端酒的侍从。他的眼神锋利如刀，划开了眼前的伪装。侍从心惊胆寒，酒液洒了出来。

拉藏汗笑了，笑得那样邪气。

他接过酒杯，一扬手泼在了桌面上，煮熟的牛羊肉顷刻间变成了黑色。

不过断了侍从的一双手，桑杰嘉措便被供了出来。

五月。花满街，月染衣，箫瑟齐鸣，悲怆入骨。

拉藏汗在那曲秘密集结重兵，以桑杰嘉措下毒谋害自己为由，准备出兵讨伐。

三大寺的堪布日夜兼程地赶到了拉藏汗的军营，他们默念着佛经，端坐在拉藏汗面前，不让他前行一步。悲伤的泪水，流过他们满是褶皱的脸，他们早已筋疲力尽，只是希望拉藏汗能在最后的关头改变主意。

拉藏汗不看他们，他跨过了人墙，大步向前。他挥着战刀指向苍天，底下是士兵们山呼海啸的回应，僧人们的哭泣、嘶喊、慈悲的心被揉碎的声音都淹没了。

桑杰嘉措匆忙集结的军队不敌拉藏汗的虎狼之师。

七月，炎夏的暑气混入了血腥与苍凉。

独揽西藏政教大权二十余载的第巴桑杰嘉措的政治生命与血脉一同被斩断。

传说，那是被一个女人斩断的，她是拉藏汗的妻子次仁扎西。那个女人曾向桑杰嘉措伸出过一双无限温柔的手，然而它们触碰到的却是一颗冰冷坚硬的心。她再三地暖热一双手，想用自己爱的热焰打动他，却最终什么也没有得到。一厢情愿，让恨变得愈发浓烈。

不知桑杰嘉措人头落地的那一刻，她的泪水是否已经流成河。

仓央嘉措知道，桑杰嘉措是在以卵击石。他在日光殿内替桑杰嘉措占卜，所得皆凶。

在占了无数次后，虚掩着的门被盖丹推开。他步伐沉重，慢慢地走到仓央嘉措面前，猛地跪下了。他冒失的举动惊到了仓央嘉措，他手中的法器、卜文散落一地，如房屋倾倒后四处飞散的砖瓦。

"佛爷，第巴大人他……被拉藏汗，杀了。"

仓央嘉措直直地坐着，泥塑木雕般。他仿佛又看见散落的卜文变成无数条冰冷黝黑的长蛇，它们立着身子，朝他吐出猩红的芯子，嘶嘶有声。

仓央嘉措闭上了眼睛，长蛇蹿了起来，绕住了他的手臂、身体，越来越紧……

注释：

①哲蚌寺：哲蚌寺系黄教六大寺庙之一，原名是吉祥永恒十方尊胜州。它坐落在拉萨市西郊约十公里的根培乌孜山南坡的坳里，系黄教创始人宗喀巴之弟子降央曲吉·扎西班丹于公元1416年创建。

②扎什伦布寺：清朝达赖与班禅同为各辖一方的政教领袖，前藏指以拉萨为中心的达赖辖区，后藏指拉萨西侧以日喀则为中心的班禅辖区，日喀则扎什伦布寺是班禅住锡地。

③《蓝琉璃》：又名《医学广论药师佛意庄严四续光明蓝琉璃》，是藏传佛教重要医学典籍之一，作者正是第巴桑杰嘉措。

④五体投地：佛教礼法之一。又作五轮投地、投地礼、接足礼、头面礼、顶礼。本为印度所行之礼法，据《大唐西域记·卷二》所载，印度所行之礼敬法共有九种，第九种即五体投地，为所有礼法中之最殷重者。

第九章
朝京之旅

腊月的北京，草梗、败叶被冻得极脆，踩上去沙沙作响。微风吹来，屋檐上的灰尘飘飘洒洒，在冬日惨淡的阳光下肆意飞舞。冬日本来就是安静的，在宏阔的紫禁城中，静，更显得怕人。

乾清宫的香炉熏着龙涎香，地炕还是暖的，康熙皇帝手里的奏折一开一合，仿佛在恭敬地诉说着各方事宜。特使恰纳喇嘛和阿南卡进来的时候，康熙刚好看完了一折奏章。他抬起头，目光起初是散漫的，落到恰纳喇嘛身上时却忽然聚在了一起，成了一柄寒光熠熠的剑。

恰纳喇嘛跪在地上，诚惶诚恐。由于事关重大，他从藏区一回来就直接到了乾清宫，他不敢抬头，眼前全是绘着五彩吉祥图案的羊毛。

"启禀陛下，臣此去西藏，得知第巴桑杰嘉措已被拉藏汗以'清君侧①'的名义杀了，现在西藏的大权落在了拉藏

汗手里。"

此前，康熙已经看过了拉藏汗的密奏，对于桑杰嘉措的失败他并不感到惋惜，远方如此多的生命正在逝去，桑杰嘉措不过是其中之一，他关心的是整个西藏。现在，形势已经逐渐明了，桑杰嘉措死了，拉藏汗掌握了西藏实权。拉藏汗的奏章写得恳切、坦诚，不像桑杰嘉措总是暗藏着玄机让自己揣测，这样看来，拉藏汗倒比桑杰嘉措更能忠于朝廷。那么目前最大的问题就是，桑杰嘉措所举的六世达赖该如何处置，不过，这都已经是小事了。

他喝了一口茶，缓缓地问道："六世达赖喇嘛安好？"

恰纳喇嘛低声回道："回陛下，六世达赖一切安好。"

康熙微微地笑了，他又想起了拉藏汗"废桑杰嘉措所立假达赖"的提议，这个想法太过冒险，达赖是藏教实体信仰的化身，藏人与蒙人都是衷心信仰达赖的，贸然将他废掉，很可能会引起民心的混乱。

康熙叹了口气，这是个棘手的问题。

康熙令护军统领席柱和学士舒兰为金字使臣入藏宣谕。出发当日，春雨飘然而至，柳树尚未发芽，雨水带着冬末的寒意侵入了舒兰厚实的官服，他打了个寒战。此刻，谕旨就在眼前，一卷绣着腾龙的金色绢布。雨越来越大，似乎要把整个春天的雨水都倾泻殆尽，细密的雨线织成巨大的蛛网覆盖着大地。他走上前，颤颤巍巍地打开了那卷绢布，几个遒劲的朱砂大字映入眼帘：

仓央嘉措，亲往京都朝觐。

春雷响起，万物复苏。

拉藏汗的围剿开始了。盖丹终日躲在仓央嘉措的日光殿里。仓央嘉措破例让盖丹坐在了无畏狮子大宝座的后面。他念着佛经，五世的铜铃如肃穆的灵塔般立在桌上，耽享着暴风雨来临前最后的宁静。盖丹的脸上一片惊恐，他不停地攥着衣角，像是要找个孔洞把自己塞进去。仓央嘉措一直闭着眼睛，除了拨动佛珠的手指，一切都如坐化了一般。

布达拉宫不知从什么时候起，多了很多乌鸦。宫里近来到处是围剿桑杰嘉措残部的兵马，砍杀声不绝于耳，没人在意上空多了些飞鸟。

黑色的乌鸦，鬼魅般地围着布达拉宫旋转，每晚暮钟过后，它们就会颤抖地叫着："亡，亡，亡……"惊悚的声音环绕着整座布达拉宫。

又一个夜晚来临了，黑夜攀上了墙头。剿杀多日，宫中已经越发沉寂，进入傍晚便是黑黢黢的一片。

盖丹被拉走的时候，仓央嘉措睁开了眼睛，他愤怒地望着冲进来的蒙古兵，喉咙却像被人扼住一般说不出话。盖丹被拖出了大殿。

盖丹一走，布达拉宫就只剩下仓央嘉措一个人了，其余的全部是拉藏汗的士兵，他已插翅难飞。

仓央嘉措在空荡荡的布达拉宫内四处游逛着，脑海里不断地闪现出儿时的歌谣、很早的人和事，只是都已经不大清楚了，他甚至想不起阿爸的声音、阿妈的声音，就连玛吉阿米的声音也是模糊的……

他头脑一片空白，兀自唱了起来：

姑娘，姑娘，
我愿在佛前坐化，避过岁月的问。
……
只有一朵莲花是它的归宿，
那朵莲花却开在它心里。
……

暮色与朝霞已经很难区分，忘了是在人人清醒的早晨还是该安歇的夜晚。仓央嘉措来到了第巴桑杰嘉措的房间，古松木的书案上还摊着一本书。

他随手翻了起来。

六世达赖喇嘛仓央嘉措。

写的竟是自己。

我不是小人物。

我是从拉萨来的。

我要到布达拉宫去。

我周身的一切，连同掉落的毛发，你们都要珍惜，因为那是可以得到祝福的。

……

桑杰嘉措写下的竟是自己，但这臆测与浮夸的他还是他吗？要是放在从前，他必定一笑了之，然而此刻，他却忍不住哭了，泪水无声地一串串流下。

故人旧物，仿佛一把无情的刀，一下一下地扎在人的心口，直到流出血来。仓央嘉措捧着书，迎着阳光坐了下来，遥远的太阳此刻竟有些热烈，仓央嘉措落下的眼泪渐渐被蒸干，他似乎都没意识到自己哭了，泪水还在一直流着。他坐了很久，直到夜凉入骨，才重新站了起来。晚风中，他像一株孤独的松柏般孑然而立。

五月初一。天气如凉薄的妇人，姿色内敛。广阔的天地，四处是星星点点的绿。

从布达拉宫到拉藏汗的府邸，一路戒备森严。蒙古兵全部持

152

载站立，如一尊尊凶神恶煞的金刚。仓央嘉措站在人墙围成的甬道里，望不见四周，只觉得阴沉的天在往下压。风沙肆虐，天地混沌，空气中充溢着泥土原始而莽撞的气息。

仓央嘉措踏进拉藏汗营门的那一刻，恍然间听到了来自另一个时空中的一声喟叹。那声音并不哀怨，反而是轻松、如释重负的。他有些感动，回过头去寻觅，在幢幢的人影中，他望见了年少的自己。

三大寺的活佛和藏蒙各界的高僧都到了拉藏汗的府邸，这是一场特殊的审判。

拉藏汗是此次审判的召集人和主宰。屋中上上下下都是身披袈裟的，只有他一人着俗装，他不在乎，早在与桑杰嘉措争夺王权之时，他的眼里就只有整个西藏。

仓央嘉措仍旧带着五世的铜铃，还是掩在袖下，攥着。拉藏汗每说一句话他就摸一下，铜铃从冰冷到温热，再从温热退回到冰冷，周而复始。

拉藏汗威严的声音在大殿内外回响着。

他说，六世达赖喇嘛仓央嘉措终日耽溺酒色，屡屡破坏戒律，乃是金罩的风流浪子，不是真达赖，应当废黜。

他说，如果大家没有意见，就这么决定了。

他说，我已经启奏大皇帝了。

拉藏汗说完，短暂地停顿了一下。他的气势像一座雪山，巍峨而不可侵犯。然而短暂的沉默过后，雪山便遭遇了强震，雪开始崩塌，如千军万马般横冲直撞下来，轰轰作响。

堪布、活佛，你一言我一语，开始了厉声反驳。

达赖佛乃是迷失菩提缘故。

达赖佛只是游戏三昧。

达赖佛虽然亲近女子但并未破戒。

达赖佛的坐床是大皇帝准许的。

……

仓央嘉措始终没有说话，他淡定地看着他们，仿佛正身处另一个世界。

他知道，一切都结束了。

审判会一直持续到了日落，夕阳的光辉薄薄地涂了一地。仓央嘉措微微动了一下，想甩掉身上昏黄的光，他不知道已经是黄昏了，抬起头望了一眼，心中一颤。

拉藏汗莫名成了一名听众，沉默地听着慈悲的高僧们的说辞。高僧们起初还在激烈地辩论，后来因为得不到拉藏汗的回应，逐渐都安静了下来。

拉藏汗起身，目光如炬，他盯着仓央嘉措慢慢说道："大皇帝已经下诏，即日将仓央嘉措送往京城。"

仓央嘉措依然平静，没有一丝惊慌。拉藏汗鹰鸷般凌厉的眼神与之对视，落了下风。

月亮一点点地爬上了夜空。西藏的夜，永远是那样凄清、高旷。仓央嘉措被软禁在了拉藏汗的营地，四周嘈杂喧闹，无半点清静。拉藏汗破例让盖丹来服侍他，这位年近花甲的老喇嘛，在见到仓央嘉措的那一刻，老泪纵横。

屋里只有一盏酥油灯。这唯一的一盏灯还是火苗极小的，仓央嘉措的影子左摇右摆，在墙壁上不断地晃动。

盖丹流着泪，亲吻着仓央嘉措的靴子。

他呜咽地说："佛爷，您再为我摸次顶吧。"

仓央嘉措伸出了手，轻轻地放在了盖丹的头顶上。已是老迈的盖丹似乎再也承受不起，身体弯了下去，开始痛哭。屋外是守夜士兵呼朋引伴的声音，它们很快盖过了盖丹的哭声。仓央嘉措站起身走到门口，打开了门。

154

门口的侍卫示意他不能出去，他摆摆手说道："我不会逃的，我就是想看看月亮。"

他慢慢地走了出来，然后仰头望着夜空。星斗、月亮，一切还是那么美好。达娃卓玛，她，不知道是不是也在看着这轮月亮……

仓央嘉措回到了屋中，提笔写道：

前月推移后月行，暂时分手不须衰，
吉祥白月行看近，又到佳期第二回。

他把诗拿给了站在一旁的盖丹，说："如果我再也出不去，你就把这诗稿交给达娃卓玛。"

盖丹接过诗稿，仔细地叠好，收了起来。

夜深了，除了月光外再无半点光亮，屋中更是黑暗一片。仓央嘉措合着眼，眉头紧皱，那是梦踏着夜色来了。

是她。

是她如玉般圆润的手撩拨着他的头发，轻声地唱着歌谣。

是她如桃花般美丽的笑靥浮现在他的眼前。

是她说着至死不渝的誓词举杯向他。

是她……

他突然惊醒了，梦也瞬间消失。他懊丧地又躺了下来，重新闭眼，想再次回到梦中，但任他如何努力，那个美好的梦始终没有再来。

他又坐了起来，周围寂静无声。他摸了一下脸，全部是泪痕。

盖丹始终没有睡，一直守在仓央嘉措的床边。仓央嘉措望着他，心里感到了一丝温暖。盖丹见他要起身，便点亮了灯，明晃晃的光照亮了屋子。

仓央嘉措立在桌边，又写下一首诗：

结尽齐心缔尽缘，此生虽短意缠绵，
与卿再世相逢日，玉树临风一少年。

写完，他合起了宣纸，递到了盖丹手里："连这一首一并交给她吧。"

下半夜，月亮不见了，夜色更重了。

康熙四十五年（公元1706年）六月十七日，藏历火狗年五月十七日，仓央嘉措起程了。达木丁苏伦将军率部押送，皇帝使臣席柱和舒兰陪同，一行人浩浩荡荡去往京城。

仓央嘉措走出兵营的那一刻，士兵排成的人墙再也透不进一丝气息。仓央嘉措似乎看见了人墙背后一张张悲戚的面孔，他向前迈了一步，那些面孔突然不见了，大地却开始微微地颤动，那是一双双人膝在跪向地面。仓央嘉措又往前走了一步，守卫的士兵这时让开了，他惊诧地看见黑压压的人群匍匐在泥泞的广场上，他们把洁白的哈达举过头顶，汇成了一片汪洋。仓央嘉措不敢再迈步，这一刻，他的身体已不再是他的，而是所有人的，他感觉身体的每个角落连同他的记忆都在被人托起。

这些人是平凡而卑微的，他们未必知道布达拉宫里发生了什么，他们只是用一颗赤诚之心，为他们爱戴的达赖佛祈福。

天又下起了雨，雨水滴在送行人的脸上，渐渐汇成了蜿蜒的泪。布达拉宫的晨钟敲响了，送行的队伍停了下来，那一声声浑厚的钟鸣，悠然地回荡着……

仓央嘉措向后望去，布达拉宫连同那些虔诚的信徒都如同虚幻的镜像，指触，涟漪起，一切都模糊了，然后渐渐远去。

156

哲蚌寺，万籁俱寂。

因为一直下雨，原本阴沉的天更淡了，呈现出灰白色。一席席鲜红的僧袍枕戈待旦，驻守在寺中。

自从六世达赖仓央嘉措被拉藏汗诬为假达赖后，哲蚌寺的武僧们便计划着要将仓央嘉措保护起来。对他们来说，仓央嘉措是佛，佛哪能由凡人说不是就不是了呢。

送行的队伍如同一条长龙，浩浩荡荡地来到了哲蚌寺外。因为还在拉萨，所以押送的士兵并不多。拉藏汗考虑到六世在民间的影响，没有派太多兵。

武僧们冲出去的时候，送行的人先是一愣，随后便如洪流般以自己的血肉之躯帮着武僧们开道。武僧红色的僧袍如同燃烧的烈火，逼退了拉藏汗的守卫。他们只有一个念头，六世达赖仓央嘉措是应该留在拉萨的。

他们整齐地跪在了仓央嘉措面前。

"佛爷，我们来了。"领头的武僧，从怀中擎起一条洁白的哈达。

一切都发生得太突然了，仓央嘉措只觉得眼前一朵朵红色的莲花在绽放。他望着慷慨赴死的信徒们，说不出一句话，喉中呜呜作响。

他跟着武僧向前走去，身后是雪山，在大片大片地崩塌。

拉萨，日光倾城。人们的心却是惶惶不安的。

达娃卓玛不断地伸手去摸酥油灯上的火苗。阿妈说过，只要能把酥油灯上的火苗拿下来，就能见到日思夜想的情郎。

火苗十分灼烫，她的手一次次伸出又一次次缩回。

她每次缩回了手，眼泪便一滴一滴地落下来。

午夜，达娃卓玛又一次从噩梦中醒来。她点了一盏酥油灯，再次伸出了手，这次她没有退缩，灼热的火在她的手指上烙下浓重的痕迹，疼痛从指尖一直猛窜到胸口，撕心裂肺。

这是她早该料到的事情，宕桑汪波就是仓央嘉措，是端坐在布达拉宫里的佛爷。她颤抖着手，心在抽搐，泪如雨下。

盖丹把信笺交给她，她颤颤巍巍地打开。

仅有的几行字，读了千遍。

他说，与卿再世相逢日，玉树临风一少年。

她说，此生未恋，哪有来生。

她与他的距离是一张纸，他与她的距离是一整世。

屋外草木葳蕤，她倚着窗子，任月光洒满她的肩头，她看着自己的手，烛火留下的印记如一颗饱满的红豆。

她盯着手指出了神，忽然忆起街口曾有人吟诵汉地的诗：

红豆生南国，春来发几枝。
愿君多采撷，此物最相思。

她暗淡的眼神忽然亮了起来，她想去找他。

拉藏汗听说仓央嘉措被哲蚌寺的僧人劫走，怒不可遏，亲自率兵赶到了哲蚌寺。寺门已经关闭，外堂站满了手持金刚杵的武僧，他们瞪红了双眼，毫无惧意。寺外是铺天盖地的蒙古骑兵。

一门之隔，风声鹤唳。

仓央嘉措端坐在经堂上，几名武僧护卫在他身旁。他轻声问道："外面有多少追兵？"

一名武僧回道："不过一千人，我们应付起来绰绰有余，佛爷请安心。"

仓央嘉措点点头。那个夜晚，他似乎听到了门外的叫嚣、呐喊之声，对于结局，他其实早已了然。

拉藏汗是蒙古的汗王，攻下一座寺庙易如反掌，哲蚌寺的僧人心知肚明，可即便如此，他们还是愿意用生命来捍卫他们心中的达赖佛。

仓央嘉措说："我在此只有一愿，希望能在拉萨城中找到卖杂货的三央，告诉他我的处境，让他去告诉达娃卓玛，此路凶险，恐难再见，定要先断了情。"

僧人们沉默着，齐齐地跪下了。

自从布达拉宫发生政变，整个拉萨便陷入一片混乱。流言四起，如虫灾过境，人们的信心被一点一点啃食。

比如，第巴桑杰嘉措被杀了，残忍的拉藏汗是用小刀一点点地割断了他的喉咙。

比如，六世达赖喇嘛是妖孽转世，不是真的达赖。

比如，六世达赖喇嘛已经被拉藏汗抓走了，说是要移送京城处理。

……

三央听到这些时，因为涉及仓央嘉措，他条条都不敢放过，尤其是那些恐怖的、不祥的，他总会深深地烙在脑海里。

布达拉宫里发生了大事，不用看，听听也都知道了。

三央关了店门，他本想在店里召集些朋友，一起去营救仓央嘉措，可拉藏汗的府邸戒备森严，要想混进去并不容易，而且若贸然施救，仓央嘉措的达赖身份是真是假就更难说清了。

没多久，外面传来了哲蚌寺的僧人劫走了仓央嘉措的消息，三央想到是护法僧劫走的，长舒了一口气，但他很快又紧张起来：拉藏汗岂能就此罢休？

三央夜不成寐，茶饭不思，每天只是望着夕阳，恨不能从太阳中望出一个仓央嘉措来。精神的高度紧张，让他时常出现幻觉，觉得眼前的夕阳变成了一口钟，一口邬坚林尚未换下的破铜钟，嗡嗡作响。

第九章
朝京之旅

他有时会看见，幼年的自己在教仓央嘉措放牛。

他有时会听见，次旺拉姆阿妮说，要照顾好仓央嘉措。

他还会闻见，故乡酥油茶的香气。

……

当所有的感觉消失后，剩下的就只有沉重的黑暗。

三央醒了，听见窗边有人低语。

他抬头望去，是位喇嘛，他起身想请他进来，对方却摆摆手。

喇嘛的语速极快，但字字清晰。

大量的信息涌进了三央的脑海，他迅速地记了下来。

三央来到了达娃卓玛家。暮色四合，世界静得只能听到自己的脚步声。自从六世达赖被劫走后，整座拉萨就像浸在了水里，死气沉沉。

三央还没开口，达娃卓玛的眼泪先流了出来。

三央低着头，说道："仓央嘉措，此去路途遥远，只怕凶多吉少。"

达娃卓玛说："我知道，我知道……"

三央最后说道："仓央嘉措让我转达，还是断了此情。"

达娃卓玛似乎没有听到，她点燃了一盏酥油灯，然后把手指伸到了火焰里，灼热的火苗将皮肤烧得吱吱作响。三央大吃一惊，赶忙拉开了达娃卓玛。

达娃卓玛说："听说只要把酥油灯上的火焰取到手，就能看见日思夜想的人了。"

三央不知如何作答。达娃卓玛继续说道："他于我，是这灯火，没了他便是无穷无尽的黑夜。现在，他在水深火热中，就像这滚烫的火，我是一定要去的，即便我要被焚为焦炭。"

月下弦，再也没了往日繁盛的光芒，黑暗充斥着大地。三央与达娃卓玛一起赶往哲蚌寺，路上空无一人，乌黑绵延的树木簌簌作响，他们小心地呼吸着，肃杀的气氛越来越近。到达哲蚌寺时，眼前的景象让他们大吃一惊，数不清的士兵团团围住了寺庙，叮当作响的兵器冒着点点寒光，令人毛骨悚然。

三央和达娃卓玛沿着崎岖的山路绕到了寺的后面，这里背靠大山，地势险要，驻守的人很少，此时就只有几个昏昏欲睡的士兵把守。围墙与山崖相邻，逼仄的空间甚至听不到风声。三央搭起双手，示意达娃卓玛踩着攀上围墙。

那墙极高，达娃卓玛伸长了手臂也还是摸不到头。

她心急如焚，于是咬了咬牙奋力地向上一跃，结果没有踩稳，整个儿摔了下来砸在了三央身上，两人乱作一团，巨大的声响惊动了守卫。打盹的猛兽清醒了，发出示威的呜呜声，只一会儿，四面八方就涌来了无数士兵。

三央感觉自己的心脏停滞了，又似乎闻到了一股血腥味，那是杀戮的前兆。他再次回头看了一眼达娃卓玛，那双闪亮的眸子，正如烈火般熊熊燃烧，毫无畏惧地望着逼近的士兵，三央的眼睛湿润了，大口大口地喘着粗气。

他想起了很多，想起了仓央嘉措失去仁珍旺姆时的失魂落魄，失去阿妈、失去玛吉阿米时的万念俱灰。他的一生是那样身不由己，已经失去了太多，难道现在还要眼看着他再失去达娃卓玛吗？

往事一件件呈现，冲击着他的心房，他感觉胸口在发热，那是已经无法再说出的万语千言。此刻，他多么希望能亲口告诉仓央嘉措，纵然万事休矣，你依然光芒万丈。他冷静了下来，迅速地蹲下身，将达娃卓玛再次托举上自己的双肩，然后站了起来垫着她够到了墙头。

一段索命的钢链套住了三央。达娃卓玛还差一点就能翻过去了，三央腾出双手，奋力地一推。

姑娘如一卷红绢般飞了过去。

她没有机会再看三央，看他把她推过围墙的一刹那露出的灿烂

笑容。

风带来了寒意，吹过三央的肩头，成群的士兵扑了过来，沾染了血腥的尘土在空中飘散。他淡淡地注视着眼前的猛兽，身体直直地贴在朱红的墙壁上，嘴角上扬，带着一丝嘲讽的微笑。

一柄战戟朝天划过，没有死亡前的呐喊，就连肉身倒下时的声音也被嘈杂盖过了。片刻的骚乱过后，一切又恢复了平静。

达娃卓玛靠在墙壁的另一侧，极力不让自己发出任何声音，她在心中反复呼唤着："三央，三央。"她的世界里，除了兵器的摩擦声，再也没有了其他动静。她的双手紧紧按在朱红的墙上，她想推翻这牢笼，救出三央，然而一切都是徒劳的，除了那双被染红的手，她再也没有留下任何痕迹。

达娃卓玛见到仓央嘉措时，抑制不住放声痛哭，眼泪像决了堤的河水。

达娃卓玛举起了手。那双朱红的手，在昏黄的酥油灯下显得格外刺眼，刚从血泊中捞出的一样。仓央嘉措皱起了眉，他似乎已经预感到了什么，他不看达娃卓玛，把头扭向了一边。

"三央死了，你知道吗？为了让我来见你，三央死了。"

仓央嘉措仍然从容地坐着，诵念着经文。

尘世里的爱恨情仇都已经远离了，至此，只剩静默等待。

传说，人在走上轮回之路前，若是心有执念，就会再次来到人世。

仓央嘉措在哲蚌寺时经常做噩梦，梦见拉藏汗的骑兵冲过来屠杀寺中的僧人。正午时分，一个小喇嘛照例到仓央嘉措的卧房里点燃一支檀香，檀香飘出缕缕青烟，散发着幽香的味道。

仓央嘉措闻着熟悉的檀香，头越发沉重，终于睡了过去。

他又做了那个熟悉的梦：南方的堇草，家乡的牦牛，碧绿的青草重重叠叠地盖过了大地，一个放牛的孩子坐在山坡上，冲着他喊，阿旺诺布，阿旺诺布……

仓央嘉措立刻跑了过去。

放牛的孩子竟是三央，仓央嘉措一下子呆住了，不敢相信地望着他，三央说："阿爸卖掉的那头颈上带白毛的小牛，自己跑回来了。阿爸气坏了，说要再把它送回去，我要了个小聪明，把牛给藏起来了。"

三央说着就要带仓央嘉措去看那头牛，仓央嘉措愣在原地，看着死而复生的三央，眼泪唰唰地流下来了。

三央慌了，努力地想办法逗仓央嘉措笑，他装成小牛在地上爬，哞哞地叫着，仓央嘉措笑了，泪水顺着脸颊流到了嘴里。

梦中的泪水没有味道，他在恍惚中被人摇醒，是达娃卓玛。

他看着达娃卓玛，泪眼朦胧地看着。他终于明白，凡是与他命运相关的人，最终都要被黑暗绞杀。

退无可退，不如断了情缘。此后，即便他侥幸能活下来，能给达娃卓玛的，也不过是一颗冰冷绝望的心。

两个人，一盏灯，门窗紧闭，所有的人都退了下去。

外面人喊马嘶，灯火通明。

仓央嘉措放下手中的佛珠，连同袖子里的铜铃也一起放下了。

他说，此去艰难，若是逃过一劫也不能归于尘世。

她说，曾经的誓言都是虚妄的话，连她这条命也将没了。

他说，情不过一世。

她说，此生不能相守，何谈来生？

他说，情，相见不如相念，相念不如怀念。

她说，山无棱，天地合，乃敢与君绝。

他说不过她，不再和她争，这样的辩论只会让她陷得更深，

第九章
朝京之旅

他心中不忍。

他走到案前，颤抖着手写道：

但曾相见便相知，相见何如不见时？
安得与君相决绝，免教辛苦作相思。

他卷起宣纸，递给了她，那是一纸契约，那契约给不了她幸福，也给不了他们未来。

她颤抖着接了过去，眼前是万丈悬崖，他已经跳下了。她读了一遍，心中有了决定，她也要一同跳下。

三天三夜，寺中的僧人极力拼杀，箭矢仍旧划破了长空。他走到了院子里，那扇紧闭的门多了很多斧斫的痕迹，夜空中再次呈现出异象。僧人们都已经很疲惫，空气中弥漫着血腥味，很淡，只有在深夜时才能闻到，气味如细微的虫蚁般沿着窗子、门缝悄悄潜入人的口鼻。

仓央嘉措常常从梦中惊醒。

他的梦里再也没有出现过金戈铁马、知己佳人，取而代之的是一席白布，他每走一步，白布便卷起一尺，白布下方是茫茫的黑夜。他站在布上向下看，行色匆匆的路人，衣着艳丽的女子都成了江河中的浮木，从他的眼前漂过。

从这样的梦中
醒来，仓央嘉措的眼里永远是悲伤的泪光。

这是一座围城，因他而起的围城。

春来得还是有些迟了，即便绿了枝叶，夜晚仍然能够感觉到寒意。

仓央嘉措用蘸了酥油的氆氇细心地擦拭着五世的铜铃，铜铃因为很久没擦过已经有些暗淡。他细心地一点一点地擦着，最后对着酥油灯看去，铜铃已经光亮如新了。

黎明时分，曙光照进了窗户。

仓央嘉措走到大殿上，对着哲蚌寺的僧众深深地鞠了一躬，众人惊呆了，立刻像潮水一般跪了下来。仓央嘉措缓慢而坚定地说道：

"把门打开吧。"

没有人说话。

仓央嘉措穿过人群，径直朝大门走去。

门口值守的僧人，紧紧地握着门闩，不让仓央嘉措挪动半分。仓央嘉措站在门前，伸出手在他们的头顶上摸了摸，就像平常的摸顶祝福那样。

守门的僧人垂泪不语，握着门闩的手不停地抖动，因为太过用力，关节已有些发白。

过了很久，门终于缓缓地打开了。

朝光如水，倾泻进来。

守在门前的卫兵猛然惊醒，他们惊讶地望着年轻的达赖向他们走来，平静、笃定，令人不敢逼视。

仓央嘉措走出哲蚌寺后，身后响起了众僧祈福的诵经声，声涛阵阵，绵延不绝，汇成一支激越震荡的晨曲。

他向蒙古大军走去，又再次回头凝望，哲蚌寺依然屹立，里面是一张张悲痛的脸。

他扬起头，重重地摇响手中金灿灿的铜铃，大声说道："莫让他们脏了佛门！"

仓央嘉措的吼声盖过了诵经声，在山岳中回响，僧众、兵士无不心中一凛，时间在那个瞬间停滞了。

仓央嘉措走出哲蚌寺时，没有和达娃卓玛说话，甚至没有一

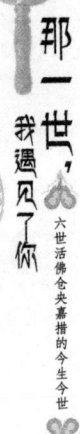

句道别。

酥油灯映着一张清秀的面孔，他从黑暗中走来。她与众僧人一起伏在经堂上，目送着他走出寺门，她仰起头，默默地看着他，她听到耳边水声叮咚，那是众僧们滴落的泪。

她没有哭，只是一直望着他隐没于兵丛中。

门缓缓地关上了，一阵急速的流沙声响，蒙古兵撤退了。

达娃卓玛向寺中的僧人要了一件红色的僧衣，迎着朝阳，穿上了它。她已经决定了，追随仓央嘉措，不论他是活佛，还是凡人，此后，生生死死都要在一起。她整理好了行装，向寺中众人鞠了一躬，也出门离去了。

蒙古兵离开的方向，尘土飞扬。达娃卓玛顶着狂风沙石，走得异常艰难，僧袍被吹得呼呼作响，但是她的心是温暖的。她定定地看着前方的路，自言自语道：

"我来了，我来了。"

注释：

①清君侧：指清除君主旁身旁的亲信、坏人。本是正义之举，但经常成为叛乱发动者反抗中央政府的理由。

第十章
渡湖度人

风 从念青唐古拉山吹来，藏北变得更加寒冷了。

进京的旅途，乏味而压抑，晴好的天气甚少，多数时候都在飘着淅淅沥沥的雨。仓央嘉措心无旁骛，一直默念着佛经。席柱一路上也并不说话。到达唐古拉山主峰时，天地豁然开朗，洁白的雪山一览无余。天是响晴的，阳光照在雪上又折射回来，到处是一望无际的白。

仓央嘉措睁开了双眼，在看见雪山的一刹那，他惊呆了。他转身问席柱："此地是何处？"

席柱回答："此乃唐古拉山主峰，翻过此山便是青海。"

仓央嘉措心里一震，手中的佛珠滑过两粒，心底涌起了一丝伤感。

过了此山，西藏，便再也回不去了。

天黑的时候，一行人在山腰的一个驿站里休息。风从山口呼啸着进出，在夜里发出刺耳的轰鸣声。

驿站单薄的木墙抵挡不住肆虐的风，被吹得发出阵阵巨响。

仓央嘉措原本就睡不着，风又很大，只好起身。屋里只有一盏灯，他不敢点亮，怕惊醒同屋的官员席柱。一路上，虽然自己是囚徒，但席柱对他很尊重。他在黑暗中坐着，独自感受着这个非同寻常的夜晚。

风时而低诉，时而怒吼。

仓央嘉措与恒长的夜对峙着，彼此都想诉说心声，风想说的是千年不变的老话，自己的心事却无从谈起。屋外飞沙走石，他的脑海里又隐隐约约地浮现出了那个梦境：

在南方的草原上，他和达娃卓玛生活在一起，三央也在。

他们放牧，读书，开怀畅饮，高兴了就写一些无拘无束的诗，达娃卓玛则会用她清脆的歌声把它们唱出来。

三央养了很多牛，每一头都是脖颈带着白毛的。

三央要拉他去酒馆喝酒，他笑笑说不用了，反而邀请三央到自己家里来。达娃卓玛早已经准备了很多好酒，一坛一坛地堆满了房间。

那些酒坛都是用红布盖着的。

红布，又让他想起了仁珍旺姆挂在碉楼前的红绫。

他看见仁珍旺姆离开了西藏，找到了一户好人家，再也不用漂泊了。仁珍旺姆要请他去家里做客，他便跟达娃卓玛骑着马到了她家。

他从怀里掏出哈达想献给女主人，结果哈达竟变成了红绫，红绫搭在仁珍旺姆的头上，她开心地笑了。

仁珍旺姆请他们吃烤全羊，结果羊没有吃完，她执意让他们把剩下的带走，那是一只烤得金黄、酥脆、香气四溢的羊。

他想起了阿妈爱吃烤羊腿，阿爸爱吃烤羊尾，就都带了回去。

阿妈还是那样年轻，阿爸见他回来，又故伎重施让他背一首民歌，不然就不许进门。

他眼珠一转，辩称阿爸并没有教他，阿爸佯装生气伸手就要打他。

他赶忙背了起来：

那是一只雄鹰，
睥睨山河，
却不知何去何从。
只有一朵莲花是它的归宿，
那朵莲花却开在它心里。
……

天亮了，温暖的阳光照进了房间，昨夜的所思所想全部烟消云散。仓央嘉措起身想去外面走走，结果一阵寒风突然顶着门吹了进来，他晃了一下，险些栽倒。

达娃卓玛从哲蚌寺出来后，走了一路，想到还没有和阿妈告别，心里很是酸楚，她决定先回家，向阿妈说明情况。

酥油灯，靠着酥油才能发出光芒；酥油用完了，灯就会熄灭。阿妈依旧虚弱，她和女儿分坐在桌子的两边，酥油灯的火光越来越弱，没有人起身去添油。

阿妈说，你当真要跟他去？

达娃卓玛说，这次要违背阿妈了。

阿妈说，若是心意已决那就去吧。

达娃卓玛说，阿妈一定要多保重。

长发盘起，结成了发髻。一路的狂风吹得她睁不开眼，她在风中努力地前行。

第十章
渡湖度人

晚上，她就在唐古拉山下的驿站安歇，她早已经穿上僧袍化装成了男子，不过那一头的秀发还是很惹人注意，好在驿站中的人不多，达娃卓玛总是吃完饭就躲回房间，尽量不让自己暴露。

风从山上吹来，到了山脚就会削弱很多。风百转千回，一路追随，颇似一位旅人，坐在身边低语，讲述他的一路见闻。

这一夜，因为过度奔波，达娃卓玛很快就睡着了，进入了一个香甜的梦境。

她看见仓央嘉措穿着俗装，款款走来。

她低着头，围着一席红色的邦典，桌边点着一支红烛，灿烂的火光将堂屋映照得分外明亮。仓央嘉措牵着她的手坐下，他递过来一杯酒，她一饮而尽。仓央嘉措欢喜地笑了。

他说，我来这里，是要跟你成亲的。

仓央嘉措到达青海湖时已是秋末，湖边开着金灿灿的油菜花，湖水是幽深的蓝，一直延伸到天际，与青山融为一体，天地间成为一条渐变的色带，先是灿烂的黄，然后是碧透的蓝，退回天边时是一抹淡淡的青。

湖心有个小岛，栖息着很多水鸟。

仓央嘉措走出了营帐，席柱并没有干涉。他们在路上走了很多天，一直相安无事。仓央嘉措通常只是沉思，念经，很少说话。

他站在湖边，鸟岛离他不过百米之遥。

风起，湖水泛起阵阵涟漪。

几十只白鹭飞了起来，离小岛越来越远。他想起了曾经许给达娃卓玛的诺言，一只白鹭是十年，这几十只的白鹭，不知要相守到几生几世。

风凉得彻骨，吹拂着眼眸，泪水不知什么时候流了下来，泪带着哀思融进了千年不涸的青海湖。

还记得，达娃卓玛常说要去门隅看看，还有邬坚林寺，她想到处走走。其实她那时就已经猜到宕桑汪波是仓央嘉措了，达赖喇嘛怎么能离开拉萨呢？

她是真的想去看看，她想看看是什么样的土地生养出了她的心上人。

仓央嘉措明白达娃卓玛的心思，但是他不敢答应，于是他想了一个折中的主意，那就是两人从日初时骑马南去，到日落时再回到拉萨。

达娃卓玛欣然同意，两个人便骑着马一路南行。一路上，鸟语花香，景色怡人，达娃卓玛开心地唱起了歌，歌声赛过了枝头的鸟儿，仓央嘉措的心醉了。

达娃卓玛递过来一壶自酿的好酒，仓央嘉措呷了一口，诗兴大发，朗声诵道：

名门娇女态翩翩，阅尽倾城觉汝贤，
比似园林多少树，枝头一果骈鲜妍。
……
明知宝物得来难，在手何曾作宝看，
直至一朝遗失后，每思奇痛彻心肝。
……
不观生灭与无常，但逐轮回向死亡，
绝顶聪明矜世智，叹他于此总茫茫。

他兴致盎然，才思泉涌，达娃卓玛听着听着，却流下了眼泪，她怕仓央嘉措看见，赶紧用手抹掉了。她娇嗔着打骂起仓央嘉措："你这人，本是开开心心的，偏要应着这美景说些无常的话来。"

仓央嘉措顽皮地笑着，眼睛又弯成了两道新月。

两人行至一处湖畔，那里原本只是平常的海子，因为雨季来临，海子积成了一泓湖水。

湖中有几只白鹭，或休息，或整理羽毛。仓央嘉措无意惊扰它们，小心地在湖边坐了下来，结果脚一伸将一块石子踢到了水中，白鹭受惊，拍着翅膀敏捷地蹿向空中，鸣叫着一圈一圈地盘旋。达娃卓玛看着满天的鸟儿，赶紧数了起来：一、二、三、四……一共是十只。

她数了一遍又一遍，直到白鹭没入了天际。

她颓然坐下，仓央嘉措疑惑地看着她。

达娃卓玛伤感地说道："这白鹭神圣至极，每只象征着十载年华，我在想，我们见了这群白鹭，必定象征着你我相守的岁月，我刚刚数了数，它们不过十只，我本来还想多数出几只来，它们却飞得极快，一眨眼就到了天边。"

仓央嘉措听了，一下子笑了出来："一只十年，十只百年，也正好可以度过此生了。"

他这样说着，心里却蒙上了一层阴影：只怕，命运无常，这一生都不允许……

有一条路，是由鲜花与荆棘共同铺就的，泪水、鲜血注定得不到怜悯。

达娃卓玛翻过了唐古拉山。抵达山口时，风吹得她喘不过气来，她不得不弯下腰，扶着周围突兀的岩石艰难行进，空气太过稀薄，呼吸越发要用尽全力。过了唐古拉山后，她病倒了，开始频繁地出现幻觉。

那是一匹匹焦黑的狼，张着血盆大口向她扑来。

她毫不畏惧，努力地撑着虚弱的身体与狼群对峙，踉踉跄跄，步履蹒跚。一会儿，她被路边的石头绊倒了，又或者手臂磕到了坚硬的地面，往往是真实的痛感袭来，她才会从幻觉中清醒。

血液混着沙土粘在了她的手臂上，她伸手去擦，沙土却掉进了伤口，疼痛更加剧烈。就这样，她在虚幻与真实中反反复复，体力每况愈下，渐渐不支。

她通常要坚持到下一个驿站才肯休息，一路上她总是反复刺激着臂上的伤口，以让自己保持清醒。

到达驿站的时候，她的伤口已经完全溃烂了。

她一遍一遍地用清水冲洗着，冰冷的水将沙砾冲了出来，又是一轮新的疼痛。

这些疼痛，是她心甘情愿的。

在没认识仓央嘉措之前，达娃卓玛在拉萨也是出了名的女子，酿得出醇香的美酒，拥有一副老天赐与的好嗓子，她唱起歌来是要赛过黄莺的。

在拉萨，向她提亲的小伙儿络绎不绝，达娃卓玛禁不住阿妈的劝导，应承了一位男子。那男子颇有家财，但十分世俗，除了吃饭、挣钱，想得最多的就是和美丽的姑娘上床。他给过她不少钱，她最终还是拒绝了他。

此后，达娃卓玛在拉萨再也没有理会过任何一位男子。她的酒馆在她不在的时候，总有酒客议论纷纷，说她清高、冷漠、薄情寡义……

是众人不懂她，才会说出如此刻薄的话。

她不过是想等一个情投意合的人，哪怕这人会让她付出生命的代价。

苍天眷顾，她等到了他。

达娃卓玛细心地包好了伤口，坐了下来，眼前是闪烁的酥油灯，伤还在隐隐作痛，一路上的委屈与辛酸突然涌上心头，她忍不住哭了起来。她抱怨，她憎恨，她不解命运为何要如此折磨她，连随爱人赴死都要历经千辛万苦。

哭了一会儿，她摸出了一直珍藏的那纸诗文：

第十章 渡湖度人

173

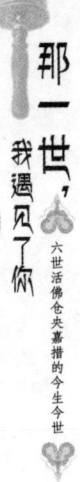
但曾相见便相知，相见何如不见时？
安得与君相决绝，免教辛苦作相思。

她仰起头，闭上了眼睛，晶莹的泪珠顺着眼角滑入了双鬓。

西宁，距离青海湖不过半天的路程。

驻守西宁的喇嘛商南多尔济已经接到席柱的通报，说六世达赖已抵达青海湖，即将进入西宁。商南多尔济犹豫了，西宁原本取意"西部安宁"，六世达赖若是过境西宁，那西部便永无宁日了。他左思右想，最后提笔写了封奏折，内容言简意赅：拉藏汗已经起解假达赖赴京。写好后，他派亲信快马加鞭地送去了京城。

康熙帝得到奏报，给席柱等人下了一道圣旨。

奏章一去一回需要时间，席柱等人不能再前进，便在青海湖边先住了下来。

席柱始终对仓央嘉措礼敬有加，出了拉萨就将他身上的镣铐都除去了。

在青海湖停留的日子里，仓央嘉措每天读经书，有时去湖边散步，一直很忧郁，席柱看在眼里，心里也很不舒服。

他并不知道布达拉宫里究竟发生了什么，但眼前的年轻人即便不是真达赖，也不是罪大恶极，若非要定罪，也不过是想和平常人一样，与相爱之人厮守罢了。

席柱同情仓央嘉措的遭遇，然而无能为力，他只能尽量让仓央嘉措吃好，休息好。有时，他端来食物，并不急着离去，而是等着和仓央嘉措一起吃。

他觉得这位假达赖佛或许需要一个人来倾诉。

虽然有了席柱的关心，仓央嘉措却还是愁眉不展，他偶尔微笑，说话极少。夜里，席柱常常睡得很沉，刮风下雨也不会醒。

如果不是某一天一场突如其来的秋雨将他冻醒，他永远不会知道，这位年轻的达赖究竟在想些什么。

雨声很大，席柱醒来后便没有再睡，他顺着房门走了出去，不知不觉到了仓央嘉措的门口。

他的屋中还亮着灯。

雨水打湿了他的衣裳，他悄悄地站着，他听见仓央嘉措在伤感地念着一首诗："但曾相见便相知，相见何如不见时？安得与君相决绝，免教辛苦作相思。"

声音低沉、悲伤，和着冰冷的雨，席柱的心里一震。

停了片刻，他又仿佛在念叨："达娃卓玛……达娃卓玛……"

一束微薄的光从虚掩的门缝中射出，席柱这才注意到门没有关，他悄悄推开了门，只见仓央嘉措躺在床上，像个孩子一样蜷缩成一团，脸上满是泪水。

他在梦中呓语："达娃卓玛……达娃卓玛……"

席柱的眼泪流了出来，温热的泪水混进了凉薄的秋雨中。

使者宣旨的时候，仓央嘉措隐在门帘后，接旨的只是席柱等官员。

使者的声音很威严，那是大皇帝的质问：

汝等曾思过，迎之六世达赖喇嘛将如何供养？

席柱噤若寒蝉，不知如何回答。这段时间，他们只是听从拉藏汗的指挥，押送六世达赖喇嘛进京，别的事一概不知。

圣旨突然降临，将他们置于两难之境，回不去也走不了了。

使者走后，席柱依然跪在地上，一动不动，好像一动身后就会有刀斧劈过来一样。过了许久，仓央嘉措撩起门帘走了出来，他轻轻拍了一下席柱。

席柱回头望着仓央嘉措，仓央嘉措也和善地看着他，他的心

第十章 渡湖度人

175

一下子平静了，那是佛的光芒。席柱朝仓央嘉措跪了下来。

他接连磕了三个响头。

席柱哭了，泪水奔涌进口腔，说出的话潮湿而悲切。

"佛爷，事已至此，无须多言，我是个信佛的人……我恳求您，逃走吧。只要您离开后永不暴露身份，一切后果由我一人承担。"

仓央嘉措屹立不动。

席柱继续说道："您若是走了，不仅拯救了我们这一行人的性命，更避免了藏蒙两族再起干戈啊！"

仓央嘉措似乎点了点头，席柱留意到了这细微的动作，他止住了哭声，迫切地等着年轻的尊者进一步的回应。时间一分一秒地过去，终于，仓央嘉措转过身，长叹了一口气。

他看见窗外有一行白鹭，飞入了云中。

达娃卓玛也到达了青海湖。

秋末的湖水已经冰凉入骨，她打听到了仓央嘉措在青海湖的位置。她脱去褴褛的僧衣，走进了冰凉的湖中，在湖水的滋润和清洗下，她又恢复了往日健康的样貌。冷风吹过她的肌肤，她冻得瑟瑟发抖。

洗濯完毕，她裹上了厚实的衣物。水中有她美丽的倒影，她看了一会儿，欣慰地笑了。

风吹干了她的头发，一缕缕柔顺地垂下来，她抚摸着自己的长发，心被触动了，眼睛渐渐模糊了。

那是一个月夜，仓央嘉措执意要留在她的酒馆中过夜。

她依偎在他的胸前，他从睡梦中醒来，她以为惊扰了他，赶忙把头别过去，他却一把搂住了她，她笑着又靠了过去。

他要睡了，她却毫无困意，于是她悄悄拿过了两人的一小绺头发，缠绕在一起，编了个相连的小辫子。

翌日，她被惊醒了。他扰到了她。

她瞪着眼看他，他以为她是生气了，赶紧道歉，然后又讪讪地捧起那条相连的小辫子给她看。

她忍不住笑了起来，像三月的桃花。

她告诉他，那是她阿妈说的，说只要相爱的人将头发编在一起，睡过一夜，便能相守一生。

······

达娃卓玛从湖边站了起来，她望着远方的一顶灰色的帐篷，她知道，她一生的等待就在那里。

这一夜是如此短暂，只是枯坐着，似乎连眼睛都没眨，天就要亮了。

仓央嘉措找来一小块酥油，又从地上捡起一块破旧的毡片，蘸着酥油一点一点地擦拭着五世的铜铃。那铜铃自曲和多巴来找他、交给他算起，已经有二十年了。虽然历经沧桑，但至今还算光亮。

仓央嘉措把擦好的铜铃放在了桌子上，忽然又想起了什么。

晨曦一点一点地泛着橘红。

凝视着绚烂的朝阳，他的眼里是点点泪光。

他取过纸笔，铺在桌子上，却久久没有写下一个字，墨水从笔上一滴滴落下，在纸上洇了开来。

他又放下了笔，反复在屋里走着，时而微笑，时而皱眉，时而欣喜。

直至暮色初露，他才又坐在了桌前。

此刻，他的笔遒劲如刀斧：

曾虑多情损梵行，入山又恐别倾城，
世间安得双全法，不负如来不负卿。

第十章 渡湖度人

他默默地读了一遍，然后把诗稿压在了铜铃之下。

那一夜，他睡得很安稳。

清晨，他走出了营帐。

湖水从夜里醒来，将天光映在其中。秋风吹过，湖面泛起层层褶皱。

他听到身后有人在叫他，他回过了头，只见席柱一行跪倒在了晨光中，衣袂猎猎。

他冲他们挥手，宁静的清晨再次响起五世铜铃的声音，叮叮，叮叮……

他和着铃音向前走去，身影渐渐变小，变淡。

晨光中，有人擎起了一支火把，将暗淡的湖面照得熠熠生辉，他像是受到了召唤般，走向了那火把。火光中，一张美丽的脸渐渐清晰。

一个熟悉的声音传来：

"仓——央——嘉——措。"

声音嘹亮而悠长。

他望着她，不相信地摇了摇头，然后痴痴地笑了。

天光压过了火光，声音惊扰了白鹭。

他和她站在湖边，望着数十只白色的鸟从湛蓝的湖中腾空掠起，飞向天际。

她数着，念着：那该是几生几世呢……

十月，一个消息在民间迅速流传：仓央嘉措进京朝觐途中暴病身亡。

所有为这位早逝的达赖叹惜的人，都在传唱着一首歌：

莫怪活佛仓央嘉措，
风流倜傥，
他想要的，
和凡人没什么两样。
……

后记

壹

这是一本小书，它包含了我记忆中所有关于仓央嘉措的片段，他仅是我眼中的一个仓央嘉措，而万千的仓央嘉措还在你们的眼里。

过去并未消失，未来也早已存在。

缺少的只是告知。

这些告知有大众的，有个人的。历史扎根在你的脑海中，成为个人的记忆。

因此，这本小书只是我个人的。它既是传记又是小说，不必去探究真真假假。真假于你而言是虚无的，这不过是一扇窗，你伸出头去，于熙攘的拉萨街头，于寂寥的布达拉宫，你看得见他的眼泪，听得到他的梦呓。

这是一本遗落的书，你捡起它向前走，在西藏的皑皑白雪中，你便能看见他——仓央嘉措。

贰

书中所引用的时间、地点，因为时间仓促与个人阅历有限，并未仔细考察，借用了高平老师所著的《仓央嘉措》。

在此表示感谢。

叁

后记原本只是陈述书之外的事情，不想因盘根错节而沦为自怨自艾。

写完这本书后，并未得到臆想中的快感与满足。

我得到的是庞大的怀疑，我深切地怀疑自己是否可以继续下去。

这样的怀疑，是源自作品中心知肚明的瑕疵。

我想，时间再久一些，待到现实以它的无情在我心口刻出痕迹，我便能再用一张纸呈现出更浓烈的爱或者恨。

肆

年少时，常常故作深沉以显示与旁人的不同，从而获得满足感。

后来才知道，最大的不同其实不是渊博与深刻，而是时时刻刻让自己保持孩童一样的好奇与无知。

伍

感谢你，感谢我身边的每位朋友。

让我知晓，即便在记忆之中，我也不是一人前行。

181

附录

关于仓央嘉措的结局及诗歌说明

常人阅读小说或者历史往往不愿看到悲惨的结局，虽然此书中我妄自给了诗佛仓央嘉措一个"美好"的结局，但难免有读者抱着追根溯源的心理，想了解在史书中记载的六世达赖喇嘛仓央嘉措到底何去何从，所以，我整理了一些大众认同的文字附在这里。

第一种说法："遁去"说

法尊《西藏民族政教史》卷六第六节："次因藏王佛海与蒙古拉桑王不睦，佛海遇害。康熙命钦使到藏调解办理，拉桑复以种种杂言谤毁，钦便无可如何，乃迎大师进京请旨。行至青海地界时，皇上降旨责钦使办理不善，钦使进退维艰之时，大师乃舍弃名为，决然遁去。周游印度、尼泊尔、康、藏、甘、青、蒙古等处。宏法利生，事业无边。尔时钦差只好呈报圆寂，一场公案，乃告结束。"

《仓央嘉措秘传》以仓央嘉措亲口所述为视角，说仓央嘉措在去北京途中行至更尕瑙尔，施展法术，于夜间向东南方向遁走。途经打箭炉、峨眉山，又回到西藏的拉萨、山南，还去了尼泊尔、印度，再返回西藏及青海，最后在今内蒙古的阿拉善旗圆寂。

第二种说法："早逝"说

《清史稿·列传·藩部（八）西藏》：（康熙）"四十四年桑杰以拉藏汗终为己害，谋毒之，未遂，欲以其逐之。拉藏汗集众讨诛桑杰。诏封为翊法恭顺拉藏汗。因奏废桑杰所立达赖，诏送京师。行至青海道死，依其俗，行事悖乱者抛弃尸骸。卒年二十五。时康熙四十六年。"

《清圣祖实录·卷二二七》："康熙四十五年十二月庚戌，理藩院题：'驻扎西宁喇嘛商南多尔济报称：拉藏汗送假达赖喇嘛，行至西宁口外病故。假达赖喇嘛行事悖乱，今既在途病故，应行文将其尸骸抛弃。'从之。"

释妙舟《蒙藏佛教史》第四篇第三章第七节：（仓央嘉措）"年至二十有五，敕入觐。于康熙四十六年行至青海工噶洛地方圆寂。"

在这里，我个人更倾向于早逝说，既然第巴桑杰嘉措已经被拉藏汗所杀，而六世达赖喇嘛仓央嘉措为桑杰嘉措所立，因此成了拉藏汗行事的绊脚石。拉藏汗向康熙帝表现讨好，做出比桑杰嘉措更加效忠朝廷的姿态。康熙帝顾全西藏大局，视六世达赖喇嘛为烫手的山芋。

自此，掌握时局的二人都不希望仓央嘉措存在，那么仓央嘉

附录

措很有可能是在行至青海湖畔时被拉藏汗的人所谋害。谎报病因不过是安抚民心。按理说，圆寂的达赖喇嘛应当实行塔葬，可却在青海湖边遭到抛尸，可见当时押送仓央嘉措的人并不希望有人来追查仓央嘉措的死因。

我想，无论仓央嘉措是在二十五岁时卒于青海湖畔，还是遁去后六十四岁圆寂，我们都已不必再追究。生命的浓度往往比长度更重要，仓央嘉措已经给了我们他二十几载最灿烂的年华，留得后人传唱。假使他二十五岁在青海湖畔遁去，那直到六十四岁的这些年，不过平淡缓慢如溪水一般，于他是种幸福，于我们已是无关紧要。

人们总希望美好的事物能够长盛不衰，就如同希望生命永恒，其实不过是贪恋美好难以舍弃罢了。仓央嘉措一生固然美丽，但万千美丽的事物都在，我们只需记他在心中，便也无憾了。

关于诗歌的一些说明

《那一世》

那一天，
我闭目在经殿的香雾中，
蓦然听见你颂经中的真言；

那一月，
我摇动所有的经筒，
不为超度，
只为触摸你的指尖；

那一年，

磕长头匍匐在山路，

不为觐见，

只为贴着你的温暖；

那一世，

转山转水转佛塔，

不为修来世，

只为途中与你相见。

那一月，

我轻转过所有经筒，

不为超度，只为触摸你的指纹；

那一年，我磕长头拥抱尘埃，

不为朝佛，只为贴着你的温暖；

那一世，我细翻遍十万大山，

不为修来世，只为途中能与你相遇；

只是，就在那一夜，我忘却了所有，

抛却了信仰，舍弃了轮回，

只为，那曾在佛前哭泣的玫瑰，

早已失去旧日的光泽。

《那一世》是世人广知的一首诗歌，很多人也是因为它才认

识了仓央嘉措，继而对他产生兴趣，不过此诗却并非仓央嘉措所作。追根溯源，是朱哲琴所唱《信徒》一歌的歌词，词作者为何训田，后在网络上被人改写，出现诸多版本，这里只是选取了一个版本。

《那一世》用词洗练，意境丰富，实为一首好诗，但并不符合仓央嘉措的诗歌风格。仓央嘉措所写谐体民歌，一般每首是四句，间或有六句或八句；每一句是六音三顿，而《那一世》在句式和长度上都远远超过了仓央嘉措的其他诗作，其结构与谐体相距甚远。

仓央嘉措身为六世达赖喇嘛，更不可能去磕长头，去转经。所以，《那一世》并不是仓央嘉措所作。

《见或不见》

你见，或者不见我
我就在那里
不悲　不喜

你念，或者不念我
情就在那里
不来　不去

你爱，或者不爱我
爱就在那里
不增　不减

你跟，或者不跟我
我的手就在你手里

186

不舍　不弃

来我的怀里，或者
让我住进你的心里
默然　相爱
寂静　欢喜

　　若是排下号，那么这首《见或不见》可以称为仓央嘉措广为
流传的第二首诗歌了，但其实这首诗歌也并非仓央嘉措所作。
　　《见或不见》刊载于《读者》杂志2008年第20期，署名仓央
嘉措。但原作者其实是扎西拉姆多多，讹传为仓央嘉措，并非是
作者本意。

以下摘自扎西拉姆多多博客：

　　曾经在网络上被反复转载的诗歌《班扎古鲁白玛的沉默》(标
题后来更被篡改为《见与不见》)，被很多人误传为六世达赖喇
嘛仓央嘉措的作品。其实这首诗出自多多从〇七年五月开始写的
《疑似风月》集的中集，在《沉默》之前还有《唱》和《说》，
它们是同一个系列的。"班扎古鲁白玛"其实是梵文的音译，
班扎，就是Vadjra，是"金刚"的意思；古鲁，就是Guru，是
"上师"；白玛，就是pema，是"莲花"的意思。"班扎古鲁
白玛"：金刚上师白莲花，也就是莲花生大师（第一个将佛法传
入西藏的人，被认为是第二佛陀）。而莲花生大师的心咒就是：
"嗡啊吽，班扎古鲁，白玛悉地吽"，在起名字的时候，我就是
从这个心咒中取的。这一首《班扎古鲁白玛的沉默》的灵感，其
实是来自莲花生大师非常著名的一句话："我从未离弃信仰我的
人，或甚至不信我的人，虽然他们看不见我，我的孩子们，将会
永远永远受到我慈悲心的护卫"，多多想要通过这首诗表达上师

附录

187

对弟子不离不弃的关爱，真的跟爱情、跟风月没有什么关系。

即便如此，多多愿意，将荣耀归于仓央嘉措。

市面上几乎每本关于仓央嘉措的书都会提及这些，在这里老调重弹，只是希望读者明了，仓央嘉措所写诗歌流传下来的极少，且都为藏文所写，翻译过程中难免会有歧义，市面上存在太多有关仓央嘉措的伪作。愿读者通过此书能对仓央嘉措有所了解，结合其生平，辨别真伪。

读书不求甚解倒也是一种境界，无论伪作还是真迹，只要让你心中的仓央嘉措更加完美，那便也是好的。